Rames Abdelhamid

**Das Vieweg
LATEX -Buch**

Eine praxisorientierte
Einführung

Aus dem Bereich Computerliteratur

Programmieren in Prolog
von Peter Bothner / Wolf-Michael Kähler

Effektiv starten mit Turbo Pascal 6.0
von Axel Kotulla

Cobol 85 auf dem PC
von Wolf-Michael Kähler

MS-DOS 5.0 – Einsteigen leichtgemacht
von Jakob Schwarz

Word Perfect – Tips mit Grips
von Peter Rechenbach

PCL Level – Einführung in die Programmierung mit dem HP LaserJet III
von Wilfried Söker

Das Vieweg LaTeX-Buch
von Rames Abdelhamid

Der große Software-Trainer Word 5.5
von Ernst Tiemeyer

dBASE IV Version 1.1 – Programmieranleitung
von Michael Kähler

Harvard Graphics mit Draw Partner
von Ernst Tiemeyer

Harvard Project Manager
von Thore Rudzki

Vieweg

Rames Abdelhamid

DAS VIEWEG LATEX-BUCH

Eine praxisorientierte Einführung

Die Deutsche Bibliothek - CIP-Einheitsaufnahme

Abdelhamid, Rames:
Das Vieweg-LATEX-Buch: eine praxisorientierte
Einführung / Rames Abdelhamid. - Braunschweig;
Wiesbaden: Vieweg, 1992
  ISBN 3-528-05145-0

Das in diesem Buch enthaltene Programm-Material ist mit keiner Verpflichtung oder Garantie irgendeiner Art verbunden. Der Autor und der Verlag übernehmen infolgedessen keine Verantwortung und werden keine daraus folgende oder sonstige Haftung übernehmen, die auf irgendeine Art aus der Benutzung dieses Programm-Materials oder Teilen davon entsteht.

Alle Rechte vorbehalten
© Friedr. Vieweg & Sohn Verlagsgesellschaft mbH, Braunschweig/ Wiesbaden, 1992

Der Verlag Vieweg ist ein Unternehmen der Verlagsgruppe Bertelsmann International.

Das Werk einschließlich aller seiner Teile ist urheberrechtlich geschützt. Jede Verwertung außerhalb der engen Grenzen des Urheberrechtsgesetzes ist ohne Zustimmung des Verlags unzulässig und strafbar. Das gilt insbesondere für Vervielfältigungen, Übersetzungen, Mikroverfilmungen und die Einspeicherung und Verarbeitung in elektronischen Systemen.

Umschlaggestaltung: Schrimpf & Partner, Wiesbaden
Druck und buchbinderische Verarbeitung: W. Langelüddecke, Braunschweig
Gedruckt auf säurefreiem Papier
Printed in Germany

ISBN 3-528-05145-0

Zu diesem Buch

LaTeX ist ein leistungsstarkes Satzsystem, mit dem sich Texte jeder Art in ästhetisch überzeugender Form zu Papier bringen lassen.

LaTeX ist populär geworden, weil damit Formeln sehr leicht zu setzen und zu drucken sind. Das bedeutet jedoch nicht, daß es nur ein Werkzeug für Mathematiker wäre. LaTeX ist für jeden Autor geeignet, von dem ansprechend aufbereitete Texte erwartet werden, der sich an vertrakte Satzvorschriften von Fachzeitschriften, Verlagen oder Vorgesetzen halten muß. Dabei spielt es keine Rolle, ob Sie Natur- oder Geisteswissenschaftler sind oder sich Ihr Geld als technischer Redakteur verdienen, ob Sie gerade promovieren und Ihre Dissertation sauber drucken lassen möchten, ob Sie Belletristik, Programmdokumentationen oder Kochbücher verfassen, oder ob Sie einfach nur Freude an schön gestalteten Texten haben.

Tabellen, komplizierte mathematische Formeln, tief geschachtelte Gliederungen, Inhaltsverzeichnisse, Fußnoten — all die Dinge, die Sie bei konventionellen Textverarbeitungen zur Verzweiflung bringen können — verlieren bei LaTeX ihren Schrecken.

LaTeX wird man nicht gerade als intuitiv benutzbare Software bezeichnen können. Die Einarbeitung ist jedoch nicht sonderlich schwer, selbst wenn die Kommandosprache auf den ersten Blick vielleicht etwas kryptisch wirkt. Sie werden schon nach kurzer Zeit bemerken, daß Sie mit LaTeX sehr schnell, sehr produktiv arbeiten können. Die meisten Befehle lassen sich zudem leicht merken — mir jedenfalls sagt der Befehl \newpage mehr als die Tastenkombination Ctrl+Shift+F7 einer Textverarbeitung.

Mit diesem Buch wird dem Einsteiger eine kompakte und leicht verständliche Einführung an die Hand gegeben und dem fortgeschrittenen LaTeX-Anwender eine Quelle zum raschen Nachschlagen.

Um das Buch kompakt zu halten, mußte eine Auswahl getroffen werden: Von den über 700 LaTeX-Kommandos werden hier diejenigen behandelt, die bei der Alltagsarbeit am häufigsten verwendet werden. Auf die Modifikation von LaTeX selbst wird hier nicht eingegangen. In der Literaturliste im Anhang finden Sie allerdings Hinweise auf entsprechende Quellen.

...und seinem Leser

Dies ist ein Buch für Einsteiger. Es geht also nicht darum, vorzuführen wie weit man LaTeX ausreizen kann. Vielmehr soll Ihnen gezeigt werden, wie Sie in kurzer Zeit effektiv mit LaTeX arbeiten können. Um mit diesem Buch arbeiten zu können, sollten Sie in der Lage sein, auf Ihrem Computersystem einen Editor (zum Erfassen der Texte) bedienen und LaTeX starten zu können. Mit welchem Rechnersystem Sie arbeiten, spielt keine Rolle. Voraussetzung ist aber, daß auf diesem System ein Editor, TeX, LaTeX und eine Anpassung an die deutsche Sprache (wie `german.sty`) installiert sind.

Aufbau

Nach der Vorstellung des Konzeptes, das hinter TeX und LaTeX steht, zeigt das erste Kapitel, wie man mit LaTeX arbeitet: wie man Texte erfaßt, was LaTeX-Befehle sind und wie sie eingegeben werden. Anhand eines einfachen Textes wird der Weg vom Erfassen des Textes bis zur Druckausgabe erklärt.

Im zweiten Kapitel wird ausführlich auf die Texteingabe eingegangen. Es wird u.a. gezeigt, wie Umlaute, Akzente, fremdsprachige Zeichen, Anführungsstriche usw. einzugeben sind.

Die nächsten vier Kapitel befassen sich mit der Formatierung von Texten auf unterschiedlichen Ebenen: der Zeichen-, der Absatz-, der Seitenformatierung und schließlich der Formatierung des Gesamtdokumentes.

In den folgenden Kapiteln geht es dann um spezielle Aufgabenstellungen — um Gliederungen und Inhaltsverzeichnisse, Querverweise, Fußnoten, verschiedene Formen von Listen, Tabellen, den Satz mathematischer Formeln, Grafiken etc. Außerdem wird demonstriert, wie man größere Texte verwaltet, eigene LaTeX-Kommandos definiert, einfache Grafiken zeichnet und sog. Textboxen erzeugt. Dem Thema Fehlermeldungen ist ein eigenes Kapitel gewidmet.

Wie soll man das Buch lesen? Der Anfänger sollte die ersten sechs Kapitel der Reihe nach lesen und dabei möglichst viel am Rechner üben. Die anderen Kapitel können dann ganz nach Bedarf gelesen werden. Wenn es dort Bezüge auf frühere Kapitel gibt, sind diese angegeben.

Die verwendete Hard- und Software

Die Auswahl der Hard- und Software, die bei der Erstellung dieses Buches Verwendung fand, zeigt, daß man mit LaTeX auch ohne große Investitionen zu guten Druckergebnissen kommen kann. Das Buch wurde mit frei erhältlicher *public domain*-Software gesetzt.[1]

---

[1] PubliCTeX von DANTE, Druckertreiber DVI2LJ von Gustaf Neumann, *preview*-Programm DVIPC von Wolfgang R. Müller.

Die Hardware-Anforderungen für TEX bzw. LaTeX halten sich in Grenzen: Gearbeitet wurde mit einem schnellen AT-kompatiblen PC. Der Text wurde mit einem Brother HL4 Laserdrucker ausgedruckt.

Dieses Buch wurde ausschließlich mit Befehlen gesetzt, die hier auch behandelt werden. Lediglich für die Kopfzeilen und für das Stichwortverzeichnis wurden spezielle Makros geschrieben, um das Layout anderer Vieweg-Bücher zu erhalten.

Kontakte

Wenn Sie beabsichtigen, intensiver mit LaTeX zu arbeiten, sollten Sie Mitglied der „Deutschsprachigen Anwendervereinigung TEX e.V." (DANTE) werden. Sie erhalten dort Informationsmaterial, Beratung, freie Software und LaTeX-Lösungen für alle denkbaren Probleme. Informationen erhalten Sie von

>   DANTE, Deutschsprachige Anwendervereinigung TEX e.V.
>   Postfach 10 10 40
>   D-6900 Heidelberg 1

>   Tel.: 06221/29 76 6
>   Fax: 06221/16 79 06
>   e-mail: `dante@dhdurz1.bitnet`

Danke

Ich möchte mich bei Frau Marianne Herrmann und Herrn Dr. Reinald Klockenbusch vom Vieweg Lektorat Computerliteratur und Software für die freundliche und kompetente Unterstützung bedanken, und bei Carmela Romano für Geduld, Tips und wertvolle Anregungen.

Inhaltsverzeichnis

1	**Erste Schritte**	**1**
1.1	TeX und LaTeX	1
	1.1.1 TeX	1
	1.1.2 LaTeX	2
1.2	Einen Text erfassen	3
1.3	LaTeX-Befehle	4
1.4	Reichweite von Befehlen	6
1.5	Ein einfacher Textrahmen	7
1.6	Vom Text zum Ausdruck	8
2	**Die Texteingabe**	**9**
2.1	Worte, Zeilen, Absätze	9
2.2	Kommentarzeilen	11
2.3	Der Zeichensatz	11
2.4	Ligaturen	12
2.5	Umlaute	12
2.6	Buchstaben und Sonderzeichen aus Fremdsprachen	13
2.7	Akzente	13
2.8	Symbole	14
2.9	Die Logos, Auslassungspunkte und das Datum	14
2.10	Anführungsstriche	14
2.11	Gedanken- und Bindestriche	16
2.12	Leerzeichen und variable Leerräume	16
	2.12.1 Leerzeichen	16
	2.12.2 Geschützte Leerzeichen	17
	2.12.3 Feste Leerräume	18
	2.12.4 Variable Leerräume	18
2.13	Die automatische Silbentrennung	20
3	**Zeichenformatierung**	**23**
3.1	Schriftgröße	23
3.2	Umschalten auf eine andere Schriftgröße	23
3.3	Umschalten auf eine andere Schriftart	24

3.4	Schriftgröße und Schriftart wechseln	25
3.5	Hervorhebung von Textteilen	26

4 Absatzformatierung 27

4.1	Zentrierung, rechts- und linksbündiger Satz	27
	4.1.1 Linksbündiger Satz	27
	4.1.2 Rechtsbündiger Satz	27
	4.1.3 Zentrierung	28
4.2	Spezielle Absatzformate	28
	4.2.1 Zitate	28
	4.2.2 Gedichte	30
	4.2.3 Thesen	30
4.3	Abstände zwischen Absätzen	31
4.4	Leerräume zwischen und in Absätzen	31
4.5	Zeilenabstand	32
4.6	Einzug der ersten Zeile	33
4.7	Absätze auf einer Seite halten	34
4.8	Einen Seitenumbruch erzwingen	35

5 Seitenformatierung 37

5.1	Seitenränder	37
	5.1.1 Textbreite und -länge	37
	5.1.2 Der linke und rechte Seitenrand	38
	5.1.3 Der obere Seitenrand	38
	5.1.4 Der untere Seitenrand	38
5.2	Seitennumerierung	39
5.3	Seitenzahlen umformatieren	39
5.4	Einzelne Seiten zweispaltig drucken	40
5.5	Titelseite und Abstract	41
	5.5.1 Die Titelseite	41
	5.5.2 Selbstgestaltete Titelseiten	42
	5.5.3 Der Abstract	43

6 Dokumentenformatierung 45

6.1	Auswahl eines Dokumentenstils	45
6.2	Auswahl des Dokumentenstils	46
6.3	Optionale Einstellungen	46
	6.3.1 Die Standardschriftgröße	46
	6.3.2 Doppelseitiger Druck	46
	6.3.3 Zweispaltiger Satz	47
	6.3.4 Beeinflussung des Formelsatzes	47
6.4	Zweispaltiger Satz	47
6.5	Briefe	48

7 Textgliederung und Inhaltsverzeichnis — 51
- 7.1 Gliederung des Textes in Kapitel — 51
- 7.2 Manipulation der Kapitelnumerierung — 54
- 7.3 Der Anhang — 55
- 7.4 Inhaltsverzeichnisse — 55

8 Seitenverweise — 57
- 8.1 Querverweise — 57
  - 8.1.1 Verweise auf Seitenzahlen — 57
  - 8.1.2 Verweise auf Kapitelnummern — 58
  - 8.1.3 Verweise auf Thesen — 58
- 8.2 Stichwortverzeichnisse — 59
- 8.3 Glossare — 62

9 Kopf- und Fußzeilen — 63
- 9.1 Kopfzeilen — 63
- 9.2 Selbstdefinierte Kopfzeilen — 65
- 9.3 Positionierung von Kopf- und Fußzeilen — 67

10 Fußnoten — 69

11 Listen und Verzeichnisse — 71
- 11.1 Listen — 71
- 11.2 Numerierte Listen — 73
- 11.3 Selbstdefinierte Marken — 74
- 11.4 Verzeichnisse — 75
- 11.5 Selbstdefinierte Listen — 76

12 Tabulatoren und Tabellen — 81
- 12.1 Tabulatoren — 81
- 12.2 Tabellen — 86
  - 12.2.1 Tabellen anlegen — 86
  - 12.2.2 Zeichenformatierung in Tabellen — 88
  - 12.2.3 Zusammenfassung von Spalten und Zeilen — 88
  - 12.2.4 Dezimaltabulatoren — 91
  - 12.2.5 Weitere Formatierungsmöglichkeiten — 93
  - 12.2.6 Bewegliche Tabellen — 93
  - 12.2.7 Tabellenverzeichnisse — 94
  - 12.2.8 Bezüge auf Tabellen — 95

13 Formelsatz — 97
- 13.1 Formeln kenntlich machen — 97
- 13.2 Formeln im Text — 97
- 13.3 Abgesetzte Formeln — 98
- 13.4 Verweise auf Formeln — 98

13.5 Bausteine mathematischer Formeln 99
   13.5.1 Wurzeln 99
   13.5.2 Indizes und Exponenten 99
   13.5.3 Brüche 100
   13.5.4 Auslassungspunkte 100
   13.5.5 Unterstreichen und Überstreichen 100
   13.5.6 Transformationszeichen 100
   13.5.7 Summen 100
   13.5.8 Integrale 101
   13.5.9 Grenzangaben für Summen und Integrale 101
   13.5.10 Operatoren und Symbole 101
   13.5.11 Textelemente in Formeln 104
   13.5.12 Akzente 105
   13.5.13 Funktionsbezeichnungen 105
   13.5.14 Klammern 106
   13.5.15 Bausteine „stapeln" 108
13.6 Felder 108
13.7 Mehrzeilige Formeln 109
13.8 Nachformatierung von Formeln 111
   13.8.1 Änderung von Abständen 111
   13.8.2 Änderung der Schriftart 111
   13.8.3 Änderung der Schriftgröße 112

14 Textboxen und Rahmen   113
14.1 Boxen 113
   14.1.1 Boxen erzeugen 113
   14.1.2 Boxen speichern 114
   14.1.3 Boxen hoch- und tiefstellen 114
14.2 Absatzboxen 115
14.3 Absatzboxen und Fußnoten 117
14.4 Rahmen 117
   14.4.1 Worte und Absätze rahmen 117
   14.4.2 Formeln rahmen 118
   14.4.3 Rahmen formatieren 119
   14.4.4 Flächen 119

15 Grafiken   121
15.1 Definition des Koordinatensystems 121
15.2 Grafikobjekte plazieren 122
15.3 Grafikobjekte 123
   15.3.1 Text und Textboxen 123
   15.3.2 Linien 124
   15.3.3 Pfeile 125
   15.3.4 Kreise und Kreisflächen 126

15.3.5 Gerundete Ecken 126
15.4 Objekte vervielfältigen 127
15.5 Veränderung der Linienstärke 127
15.6 Objekte einrahmen 128
15.7 Objekte speichern 128
15.8 Bewegliche Grafiken 129
15.9 Bezüge auf Grafiken 131

16 Verwaltung größerer Texte 133
16.1 Dateien zusammenführen 133
16.2 Druckformatdateien 134
16.3 Selektive Ausgabe von Dateien 134

17 Selbstdefinierte Kommandos 137
17.1 Kommandos definieren 137
17.2 Bereiche definieren 138
17.3 Neudefinition bestehender Befehle und Bereiche 140

18 Fehler 141
18.1 Fehlermeldungen 141
18.2 Warnungen 144
18.3 Die Protokolldatei 144
18.4 Empfehlungen 144

19 Verschiedenes 147
19.1 Quelltexte unformatiert ausgeben 147
    19.1.1 Listings 147
    19.1.2 Kurze Textpassagen unformatiert ausgeben 148
19.2 Ein-/Ausgabebefehle 148
19.3 Randnotizen 150

A Fehlermeldungen, Dateinamen, instabile Befehle 153
A.1 Fehlermeldungen und Warnungen 153
    A.1.1 LaTeX-Meldungen 153
    A.1.2 TeX-Meldungen 156
A.2 Dateinamen 159
A.3 Instabile Befehle 159

B Literatur 161

Stichwortverzeichnis 163

Tabellenverzeichnis

2.1	Längenmaße	11
2.2	Sonderzeichen	12
2.3	Umlaute	13
2.4	Sonderzeichen aus Fremdsprachen	13
2.5	Akzente	14
2.6	Symbole	14
2.7	Logos, Auslassungspunkte, Datum	15
3.1	Schriftgrößen	24
3.2	Schriftarten	25
7.1	Gliederungsebenen	52
13.1	Binäre Operatoren	102
13.2	Vergleichsoperatoren	102
13.3	Pfeilsymbole	103
13.4	Verschiedene mathematische Symbole	103
13.5	Symbole mit unterschiedlichen Größen	104
13.6	Griechische Buchstaben	104
13.7	Mathematische Akzente	105
13.8	Funktionsbezeichnungen	106
13.9	Klammertypen	107
13.10	Abstandsbefehle in Formeln	111
A.1	Instabile Befehle	160

Kapitel 1

Erste Schritte

Dieses Kapitel soll Sie zunächst mit dem Konzept vertraut machen, das hinter LaTeX steht. Dann wird kurz erläutert, wie mit LaTeX gearbeitet wird und wo die wesentlichen Unterschiede zu einer konventionellen Textverarbeitung liegen. Schließlich wird Ihnen gezeigt, wie Befehle der LaTeX-Kommandosprache aussehen. Details hierzu folgen dann in späteren Kapiteln.

1.1 TeX und LaTeX

1.1.1 TeX

TeX ist ein Satzsystem, ein Programm, dem ein Text übergeben wird und — in Form einer Befehlssprache — eine Beschreibung, wie der zu setzende Text später aussehen soll. Wenn Sie lernen wollen, mit TeX oder mit LaTeX zu arbeiten, bedeutet das für Sie vor allem, diese Befehlssprache zu erlernen.

TeX ist eine Entwicklung des amerikanischen Computerwissenschaftlers Professor Donald Knuth. Ende der siebziger Jahre vorgestellt, ist TeX heute auf praktisch allen professionell nutzbaren Rechner-Systemen verfügbar, ob IBM-PC oder NeXT, Großrechner, Unix-Workstation, Atari oder Amiga. Das hat unter anderem den Vorteil, daß TeX- und LaTeX-Texte „portierbar" sind, d.h. es spielt keine Rolle, auf welchem Rechner oder unter welchem Betriebssystem ein Text erfaßt wurde und wo er schließlich ausgedruckt oder überarbeitet wird. Als Autor können Sie Ihren Text auf einem PC erfassen — auf welchem System der Verlag TeX laufen läßt, muß Sie nicht interessieren.

Die Verbreitung und Beliebtheit des Programmes erklärt sich schlicht durch seine konkurrenzlose Mächtigkeit. Mit keiner Textverarbeitungs-Software, mit keinem DTP-Programm lassen sich Texte von so hoher ästhetischer Qualität produzieren. Die Ausgabequalität ist selbst auf Nadeldruckern beeindruckend.

Außerdem ist TeX *public domain*-Software, d.h. das Programmpaket wird kostenfrei weitergegeben. Damit haben Studenten, Universitätsinstitute etc. die Möglichkeit, ohne große Investition mit diesem System zu arbeiten.

1.1.2 LaTeX

TeX ist ein sehr leistungsfähiges und entsprechend schwierig zu bedienendes Werkzeug für Spezialisten. Das Wissen solcher Spezialisten, das Wissen über die professionelle Gestaltung von Texten, ist in LaTeX eingeflossen. LaTeX ist ein Makro-Paket des Amerikaners Leslie Lamport. Es basiert auf TeX. Die komplizierten Befehlssequenzen, die Sie benötigen, um mit TeX einen bestimmten Effekt zu erzielen, werden in LaTeX oft zu einem einzigen Befehl zusammengefaßt (eine solche Zusammenfassung wird als Makro bezeichnet).

LaTeX ist allerdings mehr als eine Vereinfachung von TeX, es ist eine Art Instanz zwischen Ihnen, dem Autor, und dem hochqualifizierten Setzer TeX.

TeX überläßt Ihnen die gesamte visuelle Gestaltung Ihres Textes. Wenn Sie von Beruf Setzer sind oder sehr viel Zeit (und Lernaufwand) in die optische Gestaltung Ihrer Texte investieren können und wollen, mag das kein Problem sein. Wenn Sie aber in erster Linie Autor sind, wird Ihnen LaTeX entgegenkommen. LaTeX vermittelt zwischen Ihnen und TeX. Das geschieht zum einen mit der erwähnten Vereinfachung der Anweisungen und zum anderen mit dem Konzept der Dokumentenstile. Dokumentenstile sind vorgefertigte Layouts — für Bücher, kurze Artikel, längere Abhandlungen und Briefe.

Bevor Sie Ihren Text eingeben, fügen Sie eine Anmerkung für LaTeX ein, die besagt, *wie* dieser Text zu setzen ist. Mit dem Befehl

```
\documentstyle{book}
```

erreichen Sie z.B., daß Ihr Text als Buch gesetzt wird. LaTeX wird diese Anweisung bei der Aufbereitung des Textes dann in eine größere Zahl komplizierter TeX-Befehle übersetzen und TeX wird das Dokument schließlich so setzen, wie das erwünscht ist. Das spart Ihnen Arbeit und Sie gelangen zu einem ansehnlichen Ergebnis, ohne sich in die Geheimnisse der Typografie einarbeiten zu müssen. Sie können sich dadurch vollkommen auf den Inhalt Ihres Textes konzentrieren. Sie beschreiben LaTeX, wie Sie die logischen und inhaltlichen Strukturen Ihres Textes hervorgehoben haben wollen, wie eine Tabelle, eine Grafik aussehen soll - und LaTeX sagt dem Setzer TeX, wie er das ganze zu verwirklichen hat. Die visuelle Realisierung wird damit vollständig der Software überlassen.

Ein angenehmer Seiteneffekt: Die Fehler, die schlechte Setzer mit guten DTP-Programmen machen können, werden Ihnen mit LaTeX wahrscheinlich nicht unterlaufen. Als Laie neigt man dazu, einen Text mit dem optischen Firlefanz zu überladen, den DTP-Systeme anbieten. LaTeX ist ein hochqualifizierter Designer, dem Sie den Text mit ein paar Anmerkung über die gewünschte Form übergeben. Mit dem Satz gemäß diesen Anmerkungen haben Sie nichts mehr zu tun. Das ist eine Sache zwischen LaTeX und TeX.

Betrachten Sie LaTeX also als freundlichen und vor allem kompetenten Ratgeber, an dessen Ratschläge Sie sich halten sollten. Wenn LaTeX ein Design für ein Buch vorschlägt, steckt das Wissen und die Erfahrung von Profis dahinter. Laien in dieser

Domäne sollten dies respektieren. Deswegen wird in diesem Buch auch nicht gezeigt, wie man versuchen kann, *besser* als LaTeX zu sein.

Obwohl Sie LaTeX von TeX fernhält, wird Ihre Flexibilität dennoch nicht eingeschränkt. Die Dokumentenstile sind (in gewissen Grenzen) variierbar und Sie können jedem Text ein individuelles Aussehen geben. Mit LaTeX lassen sich dadurch praktisch alle Probleme lösen, die bei der Abfassung jeder Art von Dokumenten auftreten können. In den wenigen denkbaren Fällen, in denen LaTeX seine Grenzen erreicht, ist es möglich, LaTeX zu modifizieren.[1] Man sollte vor diesem Unterfangen jedoch prüfen, in welchem Verhältnis Aufwand und Nutzen einer solchen Aktion stehen. Das Design eines Textes soll dem Leser schließlich das Lesen erleichtern und Ihm nicht zeigen, was Ihr Satzsystem kann.

1.2 Einen Text erfassen

TeX bzw. LaTeX ist ein Satz- oder Formatierungssystem — keine Textverarbeitung. Der erste und augenfälligste Unterschied zu einer Textverarbeitung betrifft die Art der Texteingabe. Wenn Sie, angenommen, mit *Word for Windows* arbeiten, tippen Sie Ihren Text ein und überall dort, wo Sie besondere Formatierungen wünschen, drücken Sie eine bestimmte Tastenkombination oder klicken mit der Maus bestimmte Formatierungssymbole an. *WinWord* zeigt Ihnen (in gewissen Grenzen) dann den Text sogar so an, wie er später ausgedruckt wird. Dies wird als WYSIWYG-Prinzip bezeichnet (*what you see is what you get*). Am Ende Ihrer Arbeit kann das Programm Ihren Text dann ausdrucken.

Wenn Sie auf LaTeX umsteigen wollen, müssen Sie ein wenig umlernen. Das System verfügt über keinen Editor. Sie müssen den Text also mit einem anderen Programm erfassen und dann an TeX übergeben. Sie haben richtig gelesen: der Text wird nicht an ein Programm LaTeX übergeben, sondern an das Programm TeX, das bei der Installation in die Lage versetzt wurde, LaTeX-Eingabedateien zu verarbeiten. Diese Eingabedateien tragen die Namenserweiterung .tex.

TeX überträgt den übergebenen Text dann zunächst in einen geräteunabhängigen Code. Die Datei trägt die Extension .dvi. Geräteunabhängig bedeutet, daß diese Dateien von verschiedenen Ausgabesystemen weiterverarbeitet werden können: z.B. einem sog. *preview*-Programm oder einem Druckertreiber. Ein *preview*- oder Seitenvorschau-Programm ist eine Software, die Ihnen am Bildschirm anzeigt, wie Ihr Dokument später auf dem Papier aussehen wird. Der Druckertreiber ist eine Software, die die .dvi-Datei schließlich zu Papier bringt: auf einem Nadel- oder Laserdrucker oder über einen Satzbelichter. Sie arbeiten als LaTeX-Anwender demnach mit (mindestens) vier separaten Programmen: Editor, TeX, Seitenvorschau und Druckertreiber. Das *preview*-Programm ist kein Muß, aber ein überaus nützliches Hilfsmittel. Abbildung 1.1 stellt den Arbeitsablauf schematisch dar.[2]

---

[1] Im Literaturverzeichnis des Anhangs finden Sie Bücher zu diesem Thema.
[2] Wie solche Grafiken erzeugt werden, zeigt Ihnen Kapitel 15.

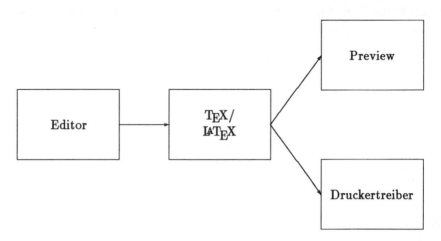

Abbildung 1.1: Textverarbeitung mit TeX/LaTeX

Für die Eingabe Ihres Textes benötigen Sie einen Editor oder ein Textverarbeitungsprogramm, das „reinen" ASCII-Code erzeugt, d.h. den Text ohne Steuerzeichen speichert. Editoren, wie sie Programmierer benutzen, sind im allgemeinen besser für die Erfassung von LaTeX-Texten geeignet als Textverarbeitungsprogramme, da sie eine Reihe von Funktionen wie z.B. automatisches Einrücken bieten, die die Abfassung solcher Texte erleichtern.

Wenn Sie beabsichtigen, häufig mit LaTeX zu arbeiten, sollten Sie, soweit Ihre Arbeitsumgebung das zuläßt, nicht am Editor sparen. Die Tastenbelegung des Editors sollte sich an eigene Bedürfnisse anpassen lassen. Er sollte eine leistungsfähige „Suchen- und Ersetzen"-Funktion bieten und die Verarbeitung von Makros gestatten. Makros sind Befehlssequenzen, die mit bestimmten Tasten oder Kurzbefehlen verknüpft sind. Z.B. beginnt jedes LaTeX-Dokument mit einer sog. Präambel. Die nächsten Zeilen zeigen eine solche (sehr knappe) Präambel.

```
\documentstyle[12pt,german]{book}
\begin{document}
```

Wenn man diese Zeilen und andere häufig benötigte Befehle als Textbaustein oder Makro hinterlegen und mit einem Tastendruck einfügen kann, wird die Arbeit mit TeX deutlich erleichtert.

1.3 LaTeX-Befehle

Für LaTeX bestimmte Texte[3] bestehen aus Informationen für den Leser und aus Satzanweisungen — den LaTeX-Kommandos. Die meisten Kommandos bestehen

---

[3]Diese werden hier auch als Quelltexte bezeichnet — zur Unterscheidung vom endgültigen Text wie er später auf dem Papier erscheint.

1.3. LaTeX-Befehle

aus einem Befehlswort oder Symbol, dem ein umgekehrter Schrägstrich voransteht. Das \-Zeichen (das meist als *backslash* bezeichnet wird) signalisiert LaTeX, daß das folgende Wort oder Symbol als Befehl zu interpretieren ist und nicht als zu setzender Text. So bewirkt z.B. \Large das Umschalten auf eine größere Schrift. Beachten Sie bitte,

- daß LaTeX streng zwischen Groß- und Kleinschreibung unterscheidet. \large, \Large und \LARGE sind für LaTeX drei unterschiedliche Befehle,

- daß sich LaTeX-Befehlsworte nicht über mehr als eine Zeile erstrecken können (also nicht durch einen Umbruch getrennt werden dürfen).

Befehle enden für LaTeX mit dem ersten Zeichen, das kein regulärer Buchstabe ist. Die folgenden Zeile

```
\LargeHier beginnt ein Riesentext
```

würde LaTeX die Fehlermeldung

```
Undefined control sequence.
```

ausgeben lassen, weil erfolglos versucht wird, einen Befehl \LargeHier zu verarbeiten. Zwischen einem Befehl und dem nachfolgenden Wort muß also ein Leerzeichen, ein Satzzeichen oder ein Symbol stehen.

Dem *backslash* können außer den meist recht gut zu merkenden Befehlsworten auch Satzzeichen oder Symbole folgen. Z.B. bewirkt \$ die Ausgabe des Dollarzeichens.

Einem LaTeX-Kommando können einzelne oder mehrere Parameter folgen. Parameter sind Angaben, die einen Befehl genauer spezifizieren. Wenn Sie z.B. das Layout eines Dokumentes wählen, teilen Sie das LaTeX mit dem Befehl \documentstyle mit und geben dann als Parameter an, *welches* Layout Sie wählen.

Befehle wie der \documentstyle-Befehl erwarten einen Parameter. Solche Parameter, die man eingeben *muß*, werden in die geschweiften Klammern { und } eingefaßt. Einigen Kommandos können optionale Parameter nachgestellt werden - d.h. man kann sie eingeben, muß das aber nicht tun. Optionale Parameter stehen in den eckigen Klammern [und]. Schauen Sie sich einmal die folgende Befehlszeile an:

```
\documentstyle[12pt,german]{article}
```

Mit dieser Zeile wird am Anfang eines Dokumentes das Layout article ausgewählt (worauf später genauer eingegangen wird). Da man bei der Auswahl des Stiles angeben *muß*, welches Layout man wünscht, wird der Parameter article in geschweifte Klammern gesetzt. Der Parameter 12pt wählt als Schriftgröße 12 Punkt aus. Ohne diese Angabe setzt LaTeX den Text von sich aus mit einem Schriftgrad von 10 pt. Dieser Parameter muß also nicht unbedingt angegeben werden, damit LaTeX den Text bearbeiten kann - er steht deshalb in eckigen Klammern.

Sie sehen an dieser Zeile, daß man Parameter teilweise auch aufzählen kann. Sie werden dann durch Kommata getrennt. In diesem Fall wurde mit dem **german**-Parameter eine deutsche LaTeX-Anpassung aktiviert. Achten Sie bitte darauf, daß in eckigen Klammern und bei der Aufzählung von Parametern keine Leerzeichen eingegeben werden dürfen.

Einigen Befehlsnamen kann ein Sternchen * angehängt werden, das die Interpretation des Kommandos durch LaTeX beeinflußt. Z.B. erzwingt das Kommando \\ einen Zeilenumbruch. Versieht man den Befehl mit einem Sternchen (*), wird ebenfalls eine neue Zeile begonnen — allerdings wird durch die Modifikation ausgeschlossen, daß es an dieser Stelle zu einem Seitenumbruch kommen kann. So kann sichergestellt werden, daß Aufzählungen oder Tabellen auf einer Seite gehalten werden.

Eine Gruppe von LaTeX-Befehlen wird als instabil (*fragile*) bezeichnet. Bei der Verwendung dieser Befehle kann es in seltenen Fällen zu Problemen kommen. Instabilen Befehlen wird dann die Anweisung `\protect` vorangestellt, um sie zu „schützen". Ein Anhang befaßt sich mit diesem Thema (Seite 159 ff.).

1.4 Reichweite von Befehlen

LaTeX-Befehle wirken im allgemeinen auf Textbereiche. Z.B. wird eine größere Schrift mit dem Befehl `\Large` eingestellt. Ein solcher Befehl wirkt bis zum Ende des gesamten Textes, es sei denn, seine Wirkung wird durch einen anderen Befehl aufgehoben. So schaltet `\normalsize` auf die Standardschriftgröße zurück. Man kann die Reichweite eines Befehles außerdem mit geschweiften Klammern eingrenzen, wie in der folgenden Zeile zu sehen ist. Die Eingabe von

```
In dieser Zeile steht ein {\Large dickes} Wort
```

führt zum Ausdruck von „In dieser Zeile steht ein dickes Wort".

In einem solchen Textbereich können weitere Formatierungsbefehle gegeben werden, die dann aber spätestens mit dieser abschließenden Klammer wirkungslos werden. Bei kurzen Textbereichen ist die gezeigte Form angebracht. Bei längeren Textpassagen oder Verschachtelungen von Befehlen sollten Sie Formatierungsbereiche anlegen. Ein solcher Bereich wird mit `\begin{Bereichsname}` eingeleitet und mit der Anweisung `\end{Bereichsname}` abgeschlossen. Dem Bereichsname steht kein *backslash* voran. Wenn man also einen längeren Textteil größer setzen lassen möchte, wird man folgendes eingeben:

```
\begin{Large}
   Dieser Text soll auffallen
   ...
\end{Large}
```

Damit lassen sich große Textbereiche sehr übersichtlich formatieren. Um das optisch zu verdeutlichen, kann und sollte man bei der Verschachtelung von Bereichen den Text einrücken.

1.5 Ein einfacher Textrahmen

Nachdem Ihnen nun LaTeX-Befehle nicht mehr vollkommen fremd erscheinen, sollten Sie ein paar Befehlszeilen kennenlernen, die den einfachsten Rahmen für LaTeX-Texte bilden. Damit haben Sie die Möglichkeit, Übungstexte abzufassen, mit denen Sie das in den kommenden Kapiteln Gesagte nachvollziehen können.

Eine LaTeX-Datei enthält mindestens drei Befehlszeilen: die obligatorische Layout-Auswahl und die Kennzeichnung von Textanfang und Textende. Es wird hier eine vierte hinzugefügt, um zu diesem Zeitpunkt noch nicht mit dem Problem der Silbentrennung konfrontiert zu werden.

In der ersten Zeile wird der Dokumentenstil festgelegt. Es soll hier das Layout article gewählt werden. Außerdem soll die deutsche LaTeX-Anpassung benutzt werden. Diese Anpassung erlaubt die vereinfachte Eingabe von Umlauten, die Datumsausgabe im üblichen Format usw. Die erste Textzeile sieht deshalb so aus:

```
\documentstyle[german]{article}
```

Hier soll außerdem noch eine Zeile eingefügt werden, auf deren Bedeutung ebenfalls später noch eingegangen wird. Das Kommando

```
\sloppy
```

weist LaTeX an, beim Blocksatz weniger penibel vorzugehen als sonst: Wenn die Silbentrennung keine Trennstelle in einem langen Wort findet, darf das Wort in die nächste Zeile geschoben und die aktuelle Zeile mit Leerraum aufgefüllt werden. Damit werden die Probleme, die LaTeX bzw. TeX mit der deutschen Silbentrennung haben können, bis zu einem späteren Kapitel umgangen.

Nun muß LaTeX gezeigt werden, wo der Text beginnt und wo er aufhört. Dafür wird ein übergreifender Bereich definiert, der, wie oben gezeigt, in ein \begin und ein \end eingefaßt wird. Dieser Bereich trägt die Bezeichnung document. Demnach besteht ein „leerer" LaTeX-Textrahmen zumindest aus der unten abgedruckten Anweisungssequenz. Die Punkte markieren den Bereich, in dem später Ihr Text stehen wird:

```
\documentstyle[german]{article}
\sloppy
\begin{document}
...
\end{document}
```

Der Block vor dem \begin{document}-Kommando wird als Präambel bezeichnet. In der Präambel kann eine ganze Reihe von Befehlen untergebracht werden, die für das gesamte Dokument gelten. Befehle mit diesem Wirkungsbereich werden als global bezeichnet. Der Präambel folgt der von \begin{document} eingeleitete und mit \end{document} beendete Textteil.

1.6 Vom Text zum Ausdruck

Bevor die Details der Abfassung von LaTeX-Texten besprochen werden, sollten Sie sich mit Ihrer Arbeitsumgebung vertraut machen. Spielen Sie hierfür den Arbeitszyklus *Schreiben – Aufrufen von TeX – Betrachten des Textes mit dem Previewer – Ausdrucken mit dem Druckertreiber* einmal durch.

Rufen Sie zunächst Ihren Editor auf. Tippen Sie dann den leeren Textrahmen ab und fügen Sie ein paar Zeilen ein. Achten Sie aber darauf, noch keine Umlaute zu benutzen (dafür gibt es Vorschriften, auf die gleich eingegangen wird). Beachten Sie bei der Eingabe, daß die Textzeilen nicht länger als 75–80 Zeichen sein sollen. Hier ein Beispieltext (ein Zitat aus Leslie Lamports Buch):

```
\documentstyle[german]{article}
\sloppy
\begin{document}
   One of the hardest things about using \LaTeX\ is deciding
   how to pronounce it. This is also one of the few things I'm
   not going to tell you about \LaTeX , since pronounciation
   is best determined by usage, not fiat. \TeX is usually
   pronounced teck, making lah-teck ... and lay-teck the
   logical choices; but language is not always logical, so
   lay-tecks is also possible.
\end{document}
```

Speichern Sie diesen Text z.B. unter dem Namen `test.tex` ab, und rufen Sie LaTeX mit der Angabe des Textnamens auf. Das geschieht meist mit dem Befehl

```
latex test
```

Wenn Ihnen ein Fehler bei der Eingabe unterlaufen ist, wird LaTeX bei der Übersetzung eine Fehlermeldung ausgeben und anzeigen, wo der Fehler gefunden wurde. Der Umgang mit Fehlern wird in Kapitel 18 erläutert.

LaTeX übersetzt diesen Text nun, d.h. er wird in ein Zwischenformat übertragen, das von anderen Programmen weiterverwendet werden kann. Diese geräteunabhängige Datei heißt `test.dvi`.[4]

Diese Datei kann von einem sog. Druckertreiber oder von einem Seitenvorschau-Programm verarbeitet werden. Bevor Sie den Text ausdrucken, sollten Sie sich das Produkt Ihrer Arbeit von dem *preview*-Programm anzeigen lassen. Das ist eine Software, die Ihnen den Text so anzeigt, wie er später auf dem Papier aussehen wird. Das Programm wird z.B. mit `see test` aufgerufen.

Der Druckertreiber ist das Programm, das die `.dvi`-Datei liest und Steuersequenzen an Ihren Drucker sendet, die dafür sorgen, daß das Dokument so ausgedruckt wird, wie es gesetzt wurde. Der Treiber benutzt dafür übrigens nicht die Schriften Ihres Druckers. Das Dokument wird vielmehr als „Grafik" ausgegeben. Daher rührt die hohe Ausgabequalität und die Flexibilität beim Formelsatz.

---

[4] Ein Verzeichnis der üblichen Datei-Extensionen finden Sie im Anhang auf Seite 159.

Kapitel 2

Die Texteingabe

> *In diesem Kapitel wird gezeigt, wie der eigentliche Textteil eines LaTeX-Dokumentes einzugeben ist.*

2.1 Worte, Zeilen, Absätze

Im Gegensatz zu Textverarbeitungsprogrammen ist es für LaTeX unerheblich, in welcher Form Sie Ihren Text eintippen. Leerstellen zwischen Worten setzt LaTeX grundsätzlich als *eine* Leerstelle. Zeilenumbrüche werden ignoriert, weil LaTeX den Umbruch selbst vornimmt. Eine *Leer*zeile leitet einen neuen Absatz ein. Schauen Sie sich hierzu das folgende, etwas übertriebene Beispiel an.

```
        Dieser
           Text
              hat                                 ein
                 seltsames
                 Aussehen,        trotzdem              wird
              er korrekt gesetzt.

        Eine Leerzeile leitet einen neuen Absatz ein.
```

Ausgegeben wird der Text folgendermaßen:

> Dieser Text hat ein seltsames Aussehen, trotzdem wird er korrekt gesetzt.
>
> Eine Leerzeile leitet einen neuen Absatz ein.

Ein gewöhnlicher Zeilenumbruch hat für LaTeX also keine Bedeutung. Ein Zeilenwechsel innerhalb eines Absatzes (nicht zu verwechseln mit dem Beginn eines neuen Absatzes) wird mit dem speziellen Befehl

```
        \newline
```

oder, kürzer mit

\\

erzwungen. Damit wird die Absatzformatierung durch LaTeX unterdrückt. Dies wird unten schematisch dargestellt. Links finden Sie das Druckergebnis, rechts den Quelltext.

```
Zeile 1                      Zeile 1\\
Zeile 2                      Zeile 2\\
Zeile 3                      Zeile 3\\
Zeile 4                      Zeile 4
```

Man kann das \\-Kommando mit einem * modifizieren. Wenn Sie die Zeilen mit * beenden, wird LaTeX Ihren Zeilenumbruch unter keinen Umständen für einen Seitenumbruch benutzen. Ihre Liste wird demnach auf einer Seite gehalten. Ist dies nicht möglich, weil nicht mehr genügend Raum zur Verfügung steht, wird sie komplett auf die nächste Seite geschoben.

Wenn Sie die einzelnen Zeilen einer Liste etwas auseinanderziehen möchten, können Sie dem \\-Kommando und dem *-Kommando den gewünschten zusätzlichen Abstand zwischen den Zeilen übergeben (die mehrfache Verwendung von \\ ist nicht zulässig). Angenommen, Sie möchten, daß die Zeilen einer Namensliste mit einem Abstand von einem Zentimeter gedruckt werden, dann sieht Ihre Eingabe z.B. so aus:

```
Zeile 1\\[1cm]
Zeile 2\\[1cm]
Zeile 3\\[1cm]
Zeile 4
```

Um die Zeilenabstände etwas zusammenzuziehen, können Sie auch negative Werte eingeben, z.B. mit

```
Zeile 2\\[-1mm]
```

Wie Sie anhand der letzten beiden Beispiele gesehen haben, können Sie LaTeX Abstände mit direkten Maßangaben mitteilen. Beachten Sie, daß zwischen Wert und Maßeinheit kein Leerraum stehen darf. Als Einheiten stehen cm und mm zur Verfügung. Auch wenn eine Länge den Wert 0 hat, muß das Maß genannt werden. Z.B. unterdrückt

```
\parindent0cm
```

die Absatzeinzüge (genaueres lesen Sie in Kapitel 4.3). Nachkommastellen können nach einem Dezimalpunkt (1.5cm) oder einem Komma (1,5cm) angegeben werden. LaTeX kennt neben Zentimetern und Millimetern die in Tabelle 2.1 aufgeführten Längenmaße.

Längenmaß		Bedeutung
in	→	Inches (1in ≈ 25,4mm)
pt	→	Points (1pt ≈ 0,35mm)
pc	→	Picas (1pc ≈ 4,22mm)
dd	→	Didot Point (1dd ≈ 0,38mm)
em	→	Die Breite des Buchstabens M im gewählten Zeichensatz
ex	→	Die Höhe des Buchstabens x im gewählten Zeichensatz

Tabelle 2.1: Längenmaße

2.2 Kommentarzeilen

Sie können an beliebigen Stellen Kommentarzeilen in den Text einfügen, die LaTeX ignoriert. Diese Zeilen beginnen mit dem % -Zeichen:

```
% ----------------------------------
% Programmdokumentation Rev. 1.4
% letzte Aenderung: 12.03.91
% Autor: E.Schlabotnik
% ----------------------------------
\documentstyle[12pt,german]{article}
\begin{document}
...
```

Kommentare können auch hinter Text- oder Befehlszeilen gesetzt werden, z.B. um einen (selbstdefinierten) Befehl zu erläutern:

```
\documentstyle[12pt,german]{article}
\begin{document}
\input{vorw.tex}     % Vorwort einfuegen
\input{vorw2.tex}    % Vorwort zur 2. Aufl.
...
```

LaTeX bricht die Zeilen vollkommen selbständig um. Die von Ihnen eingegebene Zeilenschaltung wird dabei als Leerzeichen umgesetzt. Wenn Sie dies verhindern wollen, beenden Sie die Zeile mit einem %. LaTeX-Befehle dürfen nicht durch Zeilenumbrüche getrennt werden. Wenn man die Zeilen jedoch mit einem % abschließt, kann man Befehle über mehrere Zeilen verteilen. Bei einigen sehr langen Befehlssequenzen dient das der Übersichtlichkeit (ein Beispiel finden Sie auf Seite 79).

2.3 Der Zeichensatz

Der Standardzeichensatz, jene Zeichen, die Sie direkt eintippen können, umfaßt die Buchstaben a bis z und A bis Z, die Ziffern 0 bis 9 und die folgenden Zeichen

```
 . : ; , ? ! ' ` ( ) [ ] - / * @
```

Die unten abgedruckten Zeichen fungieren bei LaTeX als Befehlszeichen und dürfen daher *nicht* im eigentlichen Text auftauchen.

```
 > < $ & % # _ { } ~ ^ " \ |
```

Die Sonderzeichen $ & % # _ { } können Sie jedoch verwenden, wenn Sie Ihnen, wie in Tabelle 2.2 gezeigt, bei der Eingabe einen *backslash* voranstellen.

Ausgabe		Eingabe
$	←	\$
&	←	\&
%	←	\%
#	←	\#
_	←	_
}	←	\}
{	←	\{

Tabelle 2.2: Sonderzeichen

Andere Zeichen können nicht direkt eingetippt werden. Sehen Sie das nicht als Einschränkung. LaTeX bietet Ihnen einen umfassenden Zeichensatz an, der mehr Symbole und Sonderzeichen enthält, als Sie wahrscheinlich jemals benötigen werden. Allerdings gibt man diese Zeichen mit speziellen LaTeX-Befehlen ein, auf die noch eingegangen wird.

2.4 Ligaturen

Im Buchdruck werden gewisse Buchstabenkombinationen nicht als zwei Zeichen gedruckt, sondern zu einem zusammengezogen. Auch LaTeX druckt z.B. ein doppeltes f nicht als ff sondern als ff. Das gleiche geschieht bei fi, ffi, fl und ffl. Sie können diese Verschmelzung untersagen, indem Sie die Zeichen "| zwischen die betreffenden Buchstaben setzen. Bei einigen Worten wird dadurch die Lesbarkeit erhöht. Wenn Sie also Tieflader statt Tieflader gedruckt haben möchten, geben Sie dieses Wort als Tief"|lader ein. Das Einfügen von "| hat für LaTeX übrigens zugleich die Funktion eines Trennvorschlages, d.h. LaTeX wird das Wort ggf. an dieser Stelle trennen, wenn der Zeilenumbruch das verlangt.

2.5 Umlaute

LaTeX ist ein amerikanisches Produkt, das deutsche Umlaute nicht direkt, sondern nur in Form von Befehlen verarbeiten kann. Umlaute werden mit einem Hochkomma vor dem Vokal kenntlich gemacht. Um z.B. ein ü zu erhalten, müssen Sie "u eintippen. Die Schreibweise der Umlaute zeigt Tabelle 2.3.

Ausgabe		Eingabe
ä	←	"a
ö	←	"o
ü	←	"u
Ä	←	"A
Ö	←	"O
Ü	←	"U
ß	←	"s

Tabelle 2.3: Umlaute

2.6 Buchstaben und Sonderzeichen aus Fremdsprachen

Tabelle 2.4 zeigt Ihnen, wie Sie die Ausgabe fremdsprachiger Sonderzeichen erreichen. Œvre wird z.B. als \OE vre eingegeben, Øverland als \O verland.

Ausgabe		Eingabe	Ausgabe		Eingabe
œ	←	{\oe}	ë	←	"e
Œ	←	{\OE}	Ë	←	"E
æ	←	{\ae}	ï	←	"i
Æ	←	{\AE}	Ï	←	"I
å	←	{\aa}	ł	←	{\l}
Å	←	{\AA}	Ł	←	{\L}
ø	←	{\o}	¿	←	{?`}
Ø	←	{\O}	¡	←	{!`}

Tabelle 2.4: Sonderzeichen aus Fremdsprachen

2.7 Akzente

Wie Sie Buchstaben mit Akzenten versehen können, zeigt Tabelle 2.5. Das o dient dabei nur als Beispiel. In den geschweiften Klammern kann auch jeder andere Buchstabe stehen. Für János Čsezmički geben Sie J\'{a}nos \u{C}sezmi\u{c}ki ein.

Den Buchstaben i und j muß, bevor der Akzent aufgesetzt wird, der Punkt „entfernt" werden. Dies geschieht durch Voranstellen eines *backslashs*. Demnach erhält man í durch \'{\i}.

Ausgabe		Eingabe	Ausgabe		Eingabe
ó	←	\'{o}	ŏ	←	\u{o}
ò	←	\`{o}	ǒ	←	\v{o}
ô	←	\^{o}	ő	←	\H{o}
õ	←	\~{o}	o͡o	←	\t{oo}
ō	←	\={o}	ǫ	←	\c{o}
ȯ	←	\.{o}	ọ	←	\d{o}
			o̱	←	\b{o}

Tabelle 2.5: Akzente

2.8 Symbole

LaTeX kennt eine große Anzahl von Sonderzeichen, wie ◁ , ∋, ♡ usf. Diese gehören zu den mathematischen Symbolen. Wie man diese einzugeben hat, wird später gezeigt. Im „Textmodus" von LaTeX — mit dem bisher gearbeitet wird — stehen die Symbole †, ‡, §, ¶, © und £ zur Verfügung. Tabelle 2.6 zeigt, wie diese einzugeben sind.

Ausgabe		Eingabe
†	←	\dag
‡	←	\ddag
§	←	\S
¶	←	\P
©	←	\copyright
£	←	\pounds

Tabelle 2.6: Symbole

2.9 Die Logos, Auslassungspunkte und das Datum

Mit den in Tabelle 2.7 aufgeführten Befehlen können Sie das LaTeX- und das TeX-Logo, Auslassungspunkte und das Systemdatum drucken lassen.

2.10 Anführungsstriche

Als stilbewußter Setzer kennt TeX keine "Hochkommata", sondern nur einzelne oder doppelte Anführungsstriche:

Ausgabe		Eingabe
'einzelne'	←	`einzelne'
"doppelte"	←	``doppelte''

2.10. Anführungsstriche

Ausgabe		Eingabe
LaTeX	←	\LaTeX
TeX	←	\TeX
...	←	\dots
19. Dezember 1991	←	\today

Tabelle 2.7: Logos, Auslassungspunkte, Datum

Die in unserem Sprachraum üblichen „Gänsefüßchen" erhält man durch Voranstellen der Zeichenkombination "' und "':

Ausgabe		Eingabe
„Gänsefüße"	←	"'G"ansef"u"se"'

Alternativ können deutsche Anführungszeichen mit den Befehlspaaren \glqq und \grqq bzw. \glq und \grq eingefügt werden. Das erste Paar erzeugt „Gänsefüßchen", das zweite ‚halbe' Anführungsstriche:

Ausgabe		Eingabe
„Gänsefüße"	←	\glqq G"ansef"u"se\grqq
‚halbe Anführungszeichen'	←	\glq halbe Anf"uhrungszeichen \grq

Seltener gebraucht werden die «spitzwinkligen» Anführungszeichen oder ‹halben spitzwinkligen Anführungszeichen›. Diese werden folgendermaßen eingegeben:

Ausgabe		Eingabe
«ganze Anführungszeichen»	←	\flqq ganze Anf"uhrungszeichen\frqq
‹halbe Anführungszeichen›	←	\flq halbe Anf"uhrungszeichen\frq

Die doppelten «französischen» Anführungszeichen können auch als "< und "> eingegeben werden.
"Hochkommata" werden als \dq eingegeben:

```
\dq Hochkommata\dq\ werden als ...
```

Bei diesem Beispiel wurden die einleitenden Anführungsstriche mit dem Abstand eines Leerzeichenes zum folgenden Wort eingegeben. Das ist notwendig, weil LaTeX diesen Befehl sonst nicht interpretieren kann. Bei den schließenden Anführungsstrichen wurde kein Leerraum gelassen. LaTeX erkennt einen Befehl am einleitenden *backslash* — egal, was davor steht. Würde man hier einen Leerraum lassen, würde dieser auch mitgedruckt. Warum der Befehl \dq mit einem *backslash* abgeschlossen wurde, zeigt Kapitel 2.12.1.
Bei Zitaten, in denen wiederum Worte hervorgehoben werden sollen, kann es vorkommen, daß es zu unschönen Kollisionen kommt, wie die folgende Zeile zeigt:

„Zitate können 'kollidieren'"   "'Zitate k"onnen 'kollidieren'"'
„Zitate können 'kollidieren'"   "'Zitate k"onnen 'kollidieren'\,"'

Wie in der zweiten Zeile des Quelltextes gezeigt wird, kann man mit dem Befehl \, einen kleinen Leerraum zwischen „Gänsefüßchen" und Apostrophenzeichen einschieben. Dabei ist darauf zu achten, daß dieser Befehl nicht von Leerzeichen umgeben wird.

2.11 Gedanken- und Bindestriche

LaTeX kennt drei unterschiedlich lange horizontale Striche. Der kurze Bindestrich zwischen zwei Worten (wie Text-File) wird durch einen einzelnen Bindestrich erreicht. Der mittlere Bindestrich ist z.B. für Wertebereiche gedacht (wie 2–6 MB) und wird durch zwei Bindestriche erzeugt. Für Gedankenstriche — sie sind die längsten der Striche — muß man drei Striche eintippen. Sehen sie sich diese Zeilen im Quelltext an:

```
\LaTeX\ kennt drei unterschiedlich lange horizontale Striche. Der kurze
Bindestrich zwischen zwei Worten (wie Text-File) wird durch einen einzelnen,
Bindestrich erreicht. Die mittlere Bindestrich ist z.B. f"ur
Wertebereiche gedacht (wie 2--6 MB) und wird durch zwei
Bindestriche erzeugt. F"ur Gedankenstriche ---  sie sind die l"angsten der
Striche --- mu"s man drei Striche eintippen. Sehen sie sich diese
Zeilen  im Quelltext an:
```

2.12 Leerzeichen und variable Leerräume

2.12.1 Leerzeichen

Weiter oben wurde bereits gesagt, daß LaTeX einen *backslash* als Einleitung eines Kommandos interpretiert. Das Befehlswort endet für LaTeX mit dem ersten Zeichen, das kein Buchstabe ist. Hierzu ein Beispiel. Die Eingabe von \today fügt das Tages- bzw. das Systemdatum in der Form „19. Dezember 1991" ein. Da LaTeX nach einem Befehl kein Leerzeichen einfügt, hat die Eingabe von

```
Diese Zeile wurde am \today geschrieben
```

die Ausgabe von

Diese Zeile wurde am 19. Dezember 1991geschrieben

zur Folge. Trotz des Leerschrittes wurden das Datum und das anschließende Wort nicht getrennt — weil LaTeX diesen Leerschritt eben lediglich als Trennzeichen interpretiert. Um in diesen Fällen den notwendigen Zwischenraum zu erhalten, muß er explizit mit einem *backslash* oder den geschweiften Klammern {} eingegeben werden. Die nächsten Zeilen sollen das verdeutlichen. Hier wird der \LaTex-Befehl benutzt, der die Ausgabe des LaTeX-Logos bewirkt.

2.12. Leerzeichen und variable Leerräume

```
Wenn Sie z.B. das \LaTeX -Logo im Text verwenden wollen,
m"ussen Sie ihm einen {\em backslash} anh"angen, weil
\LaTeX\ sonst mit dem nachfolgenden Wort kollidiert.
Wenn Sie den {\em backslash} nicht m"ogen, gestattet
Ihnen \LaTeX{} auch die Verwendung geschweifter
Klammern.
```

Beachten Sie in der ersten Zeile das gewollte Zusammenrücken mit dem nächsten Wort, um als Druckergebnis „LaTeX-Logo" zu erhalten.

2.12.2 Geschützte Leerzeichen

LaTeX benutzt Leerstellen zwischen Wörtern als Punkte für mögliche Zeilenumbrüche. Solche Umbrüche sind an manchen Stellen jedoch unerwünscht. Wenn Sie verhindern wollen, daß Worte wie z.B. *System V* möglicherweise auf zwei Zeilen verteilt werden, fügen Sie eine Tilde anstelle eines Leerzeichens ein: `System~V`.

Für LaTeX endet ein Satz mit einem Punkt, der einem Kleinbuchstaben folgt. Dort wird ein etwas größerer Zwischenraum plaziert als zwischen den übrigen Worten. Wenn eine Abkürzung im Text mit einem Kleinbuchstaben endet, wirkt dieser zusätzliche Abstand störend. Der *backslash*, gefolgt von einem Leerschritt, kann hier ebenso wie die Tilde benutzt werden, um an solchen Stellen normale Wortzwischenräume zu erzwingen. Die Tilde verhindert darüber hinaus Zeilenumbrüche. Sehen Sie sich das folgende Beispiel an.

```
Wenn eine Abk.\ mit einem Kleinbuchstaben aufh"ort, sollte ein
{\em backslash} angef"ugt werden. Sonst werden d. Wortzwischenr"aume
etwas zu gro"s. Bei Abk"urzungen wie z.~Zt.\ hat die Tilde den
gleichen Effekt und verhindert zudem ungewollte Umbr"uche.
```

LaTeX schiebt Leerraum ein, wenn einem Punkt eine schließende Klammer folgt. Beachten Sie das, wenn die Klammer hinter einer Abkürzung innerhalb des Satzes schließt. Die korrekte Eingabe sieht so aus:

```
... kann dieser Typ (siehe Abb.)\ deutlich ...
```

Zusätzlicher Leerraum wird von LaTeX am vermeintlichen Ende eines Satzes angefügt, d.h. an einem Punkt hinter einem Kleinbuchstaben. Wenn der Satz mit einem Großbuchstaben endet, fehlt dieser Zwischenraum jedoch und muß von Ihnen mit dem Befehl `\@` eingefügt werden:

```
... f"ur die SPD\@. Die CDU erlangte ...
```

LaTeX fügt einen bestimmten zusätzlichen Leerraum hinter allen Satzzeichen ein. Dieser genau bemessene Abstand hängt von dem jeweiligen Satzzeichen (Komma, Doppelpunkt, Ausrufungszeichen) ab. Mit dem Befehl

```
\frenchspacing
```

kann dieses Einfügen zusätzlichen Leerraums unterdrückt werden. `\@` hat bei dieser Einstellung keinen Effekt. Man enthält dann ein gleichmäßigeres, schwerer lesbares und weniger schönes Druckbild. Der Befehl `\nonfrenchspacing` hebt diese Direktive wieder auf.

2.12.3 Feste Leerräume

Innerhalb einer Zeile können Sie mit den Befehlen \quad und \qquad feste Leerräume einschieben. Das erste Kommando richtet einen horizontalen Leerraum in der Breite einer Buchstabenhöhe ein. Der durch das zweite Kommando eingefügte Leerraum ist doppelt so breit.

2.12.4 Variable Leerräume

Mit dem \hspace-Kommando können Sie horizontale Leerräume beliebiger Größe in den Text einfügen. Die Größe der Leerräume übergeben Sie dem Befehl als Maßangabe in Zentimetern oder Millimetern (bzw. einem anderen der auf Seite 10 vorgestellten Maße). Beachten Sie, daß die Maßangabe in geschweiften Klammern zu stehen hat. Um im Text also einen horizontalen Leerschritt von zwei Zentimetern Länge zu plazieren, fügen Sie den Befehl

```
\hspace{2cm}
```

ein. Die Befehlsmodifikation mit * bewirkt, daß der Leerraum von LaTeX auch dann eingesetzt wird, wenn er in Folge des Umbruchs am Ende oder am Anfang einer Zeile auftauchen würde. Das folgende Beispiel zeigt das Einsetzen exakt ein Zentimeter breiter Leerstellen:

Floppy 1,44MB   DM 148.-
Floppy 1,2MB   DM 156.-
Floppy 360k   DM 119.-
Floppy 720k   DM 122.-

In der LaTeX-Datei muß dafür folgendes stehen:

```
...\\
Floppy 1,44MB\hspace{1cm}DM 148.-\\
Floppy 1,2MB\hspace{1cm}DM 156.-\\
... \\
```

Würde das \hspace Kommando durch Leerschritte von den umgebenden Worten getrennt, würden diese Leerstellen ebenfalls mitgedruckt.
Es können auch negative Werte als Parameter für \hspace angegeben werden. In diesem Fall wird der Text vor der \hspace-Anweisung mit dem nachfolgenden Text überschrieben. Somit läßt sich — bei ausreichender Experimentierfreudigkeit — ein Wort auch durchstreichen.
Wenn der einzusetzende Leerraum so groß sein soll, daß die Zeile exakt im Block gesetzt wird, müssen Sie den Befehl \hfill einsetzen. Die Eingabe von

```
...\\
Floppy 1,44MB\hfill DM 148.-\\
Floppy 1,2MB\hfill DM 156.-\\
... \\
```

2.12. Leerzeichen und variable Leerräume

bewirkt die Ausgabe von

Floppy 1,44MB   DM 148.-
Floppy 1,2MB   DM 156.-

Etwas schöner sehen solche Listen aus, wenn man die Angaben durch gepunktete oder durchgezogene Linien trennen läßt. Dafür stellt LaTeX die Befehle \dotfill und \hrulefill zur Verfügung.

...
Floppy 1,44MB .... DM 148.-
Floppy 1,2MB .... DM 156.-
...
Floppy 1,44MB ———————————————————————— DM 148.-
Floppy 1,2MB ———————————————————————— DM 156.-

Die entsprechende LaTeX-Eingabe sieht folgendermaßen aus:

```
...\\
Floppy 1,44MB\dotfill DM 148.- \\
Floppy 1,2MB\dotfill DM 156.- \\
...\\
Floppy 1,44MB \hrulefill\ DM 148.-\\
Floppy 1,2MB \hrulefill\ DM 156.-\\
```

Beachten Sie, daß in den letzten beiden Zeilen noch Leerräume durch das Anhängen eines *backslashs* an den \hrulefill-Befehl eingefügt wurden. Außerdem wurde dem Befehl selbst ein Leerzeichen vorangestellt. Andernfalls wäre die Linie von der „MB" bis „DM" durchgezogen worden, was nicht sehr schön aussieht.

Das Kommando \hfill ist eine Abkürzung für den Aufruf des \hspace-Befehles mit dem Parameter \fill. Mit \fill lernen Sie ein „dehnbares" Maß kennen. \fill ist ein Leerraum der Länge 0, der von LaTeX je nach Bedarf auseinandergezogen werden kann. Die oben abgedruckte Anweisung

```
Floppy 1,44MB\hfill DM 148.-
```

wird von LaTeX zunächst in

```
Floppy 1,44MB\hspace{\fill} DM 148.-
```

umgesetzt. Diese Anweisung ist gleichbedeutend mit der maximalen Dehnung des „Gummi"-Leerschrittes \hfill. Maximal heißt in diesem Fall „bis zum Auffüllen der Zeile". \hspace kennt eine Befehlsmodifikation mit *, die die Ausgabe von Leerräumen auch zuläßt, wenn diese am Anfang einer Zeile auftauchen. Damit kann man \hspace*{\fill} benutzen, um z.B. ein einzelnes Wort rechtsbündig setzen zu lassen.

19. Dezember 1991

Eine solche Datumsausgabe erreichen Sie mit \hspace*{\fill}\today. Wenn mehrere \hspace{\fill}-Anweisungen in einer Zeile stehen, werden die Leerräume übrigens mit identischer Größe eingesetzt. Damit sind z.B. Zentrierungen innerhalb einer Zeile möglich.

2.13 Die automatische Silbentrennung

LaTeX trennt bei Bedarf automatisch und mit sehr hoher Sicherheit. Bei der Silbentrennung kann es jedoch zu zwei Arten von Problemen kommen:

▷ LaTeX findet keine Stelle, an der getrennt werden darf.

▷ LaTeX trennt fehlerhaft.

LaTeX versucht beim Blocksatz — um ein gleichmäßiges Druckbild erzeugen zu können — ein möglichst dichtes Auffüllen der Zeile mit Wörtern zu erreichen und außerdem so selten wie möglich zu trennen. Wenn eine Zeile nicht ohne das Trennen eines Wortes sauber gesetzt werden kann, wird versucht, dieses Wort gemäß den Vorschriften in der Trenntabelle zu zerlegen. Es kann aber vorkommen, daß dort keine entsprechende Vorschrift gefunden wird. In diesem Fall läßt LaTeX das Wort unangetastet. Dies erkennen Sie an der Overfull \hbox ...-Meldung während des Übersetzens. Im Schriftstück ragt die Zeile dann etwas über den rechten Druckbereichsrand heraus. Diese Probleme treten bei kleineren Schriftgrößen und normalen Zeilenbreiten seltener auf.

Kommt es zu einem unsauberen rechten Seitenrand, hat man zwei Möglichkeiten zu reagieren: entweder man greift LaTeX beim Trennen kritischer Wörter unter die Arme (s.u.) oder man erlaubt dem Programm, ein wenig von seinen stilistischen Prinzipien abzurücken. Dann wird das fragliche Wort in die nächste Zeile geschoben. Die aktuelle Zeile wird durch Auffüllen mit Leerschritten auf die korrekte Breite gebracht. Das wurde mit dem Befehl \sloppy erreicht, der in die Präambel des ersten Textrahmens aufgenommen wurde. Wenn sich LaTeX zu einem solchen Auffüllen genötigt sieht, wird dies während des Übersetzens mit der Meldung Underfull hbox... angezeigt.

Eine Lockerung der Trennvorschriften kann man auch für einzelne Absätze vereinbaren, indem man diese in das Befehlspaar

```
\begin{sloppypar}
  ...
\end{sloppypar}
```

einfaßt. Umgekehrt schaltet \begin{fussypar} und \end{fussypar} absatzweise auf das „strengere" Trennverfahren um.

2.13. Die automatische Silbentrennung

Bei der Silbentrennung liefert LaTeX hin- und wieder fehlerhafte Ergebnisse, so daß man den Text an einigen Stellen nachbearbeiten muß.

Um zunächst einmal festzustellen, ob und wie LaTeX bestimmte Worte trennen würde, kann man sich die Trennstellen mit dem Befehl \showhyphens anzeigen lassen. Wenn man beispielsweise wissen möchte, wie LaTeX die Wörter „darum", „woraus", „Keksdose" zu trennen gedenkt, fügt man nach der Präambel die folgende Zeile ein.

```
\showhyphens{darum woraus Keksdose}
```

Man kann LaTeX die korrekte Trennstelle angeben, indem man in das betreffende Wort den Befehl \- einfügt. Mit diesem Kommando wird das Programm angewiesen, das Wort *nur* an dieser und keiner anderen, möglicherweise besser geeigneten Stelle zu trennen. Allerdings ist es zulässig, den Befehl auch mehrmals in ein Wort einzusetzen. "- hat die gleiche Funktion, gestattet aber auch ein Trennen an anderen Stellen im restlichen Wortteil.

Um die korrekte Trennung bestimmter — seltener — Wörter für den gesamten Text vorzugeben, fügt man diese in eine Trennliste ein. Eine solche Liste — die Teil der *Präambel* ist — wird durch das Schlüsselwort \hyphenation eingeleitet. In geschweiften Klammern stehen dann die korrekt getrennten Wörter. Das kann z.B. so aussehen:

```
\documentstyle[12pt,german]{article}
\hyphenation{dar-um wor-aus ... }
\begin{document}
...
```

Beachten Sie bitte, daß diese Listen keine Wörter mit Umlauten enthalten dürfen.

Bei einigen Buchstabenkombinationen gelten besondere Trennvorschriften. Der betreffenden Silbe wird ein " vorangestellt. Will man erreichen, daß Bäcker korrekt als Bäk-ker getrennt wird, gibt man dieses Wort als B"a"cker ein. Fügt man ein " vor doppelten Konsonanten wie ll (in Wollieferant) oder tt ein, so wird in der Form ll-l, tt-t usw. getrennt.

Auf Seite 113 in Kapitel 14.1.1 wird gezeigt, wie Silbentrennungen mit dem \mbox-Befehl verhindert werden können.

Kapitel 3

Zeichenformatierung

In diesem Kapitel wird gezeigt, wie Sie Schriftarten und -größen variieren können.

3.1 Schriftgröße

Die Standardschriftgröße wird für einen Text bereits in der Präambel ausgewählt. Dies ist die Schriftgröße, die bis zu einer expliziten Änderung und nach der Aufhebung dieser Änderung beibehalten wird. Bei der Auswahl des Dokumentenstils (siehe Seite 46 f.) können Sie optional den Schriftgrad für diesen Text festlegen. In der folgenden Textzeile wird für das Dokument die Größe 11 Punkt ausgewählt:

```
\documentstyle[11pt,german]{article}
```

Wenn Sie keine Schriftgröße angeben, setzt LaTeX den Text mit dem Schriftgrad 10pt. Als Alternativen kommen 11pt und 12pt in Frage. Innerhalb des Textes können Sie die Schriftgröße in vier Stufen verkleinern und in fünf Stufen vergrößern. Tabelle 3.1 zeigt die entsprechenden Befehle. Mit \normalsize wird auf die Standardschriftgröße zurückgeschaltet.

3.2 Umschalten auf eine andere Schriftgröße

Wenn Sie im laufenden Text auf eine andere Schriftgröße umschalten möchten, müssen Sie zum einen den entsprechenden Befehl aus Tabelle 3.1 geben und zum anderen die Reichweite dieses Befehls definieren. Wenn Sie die Reichweite nicht festlegen, wird ab dem Befehl — z.B. \Large — bis zum Ende des Textes mit einem anderen, hier: einem größeren, Schriftgrad gedruckt. Die Reichweite des Befehles wird durch geschweifte Klammern bestimmt. Wenn Sie ein paar Worte ziemlich klein schreiben möchten, geschieht das wie im folgenden Quelltextauszug.

```
Wenn Sie ein {\scriptsize paar Worte} ziemlich klein schreiben
m"ochten, geschieht das ...
```

Ausgabe		Eingabe
Carmela	→	\tiny ...
Carmela	→	\scriptsize ...
Carmela	→	\footnotesize ...
Carmela	→	\small ...
Carmela	→	\normalsize ...
Carmela	→	\large ...
Carmela	→	\Large ...
Carmela	→	\LARGE ...
Carmela	→	\huge ...
Carmela	→	\Huge ...

Tabelle 3.1: Schriftgrößen

Die schließende Klammer sorgt automatisch für die Rückschaltung auf die Standardschrift. Wenn Sie beabsichtigen, längere Passagen in einer anderen Größe zu drucken, sollten Sie freilich einen Bereich definieren, der mit \begin{Schriftgrad} eingeleitet und von \end{Schriftgrad} beendet wird. Bei der Definition eines Bereiches wird der Angabe der Schriftart *kein backslash* vorangestellt. Im Quelltext sieht das z.B. so aus

```
...und hier endet der Absatz in der Standardschriftgr"o"se.
\begin{scriptsize}
    Ab hier ist alles etwas kleiner geschrieben...
\end{scriptsize}
Hier ist wieder alles beim alten...
```

3.3 Umschalten auf eine andere Schriftart

LaTeX benutzt standardmäßig die Schriftart Roman. Es werden Ihnen mindestens die in Tabelle 3.2 gezeigten Alternativschriften zur Verfügung gestellt.

Die Tabelle zeigt auch die Befehle, mit denen die Schriftart eingestellt wird. Wie auch bei der Schriftgröße sollten Sie, wenn Sie längere Textareale in einer anderen Schrift drucken wollen, einen entsprechenden von \begin und \end eingefaßten Bereich definieren. Das hält Ihren Eingabetext übersichtlicher. Beachten Sie, daß in der Schriftart *typewriter* keine Umlaute, fremdsprachige Sonderzeichen etc. verfügbar sind.

Ausgabe		Eingabe
Das ist Roman	←	{\rm Das ist Roman}
Das ist Italic	←	{\it Das ist Italic}
DAS IST SMALL CAPS	←	{\sc Das ist Small Caps}
Das ist Slanted	←	{\sl Das ist Slanted}
Das ist Sans Serif	←	{\sf Das ist Sans Serif}
Das ist Bold Face	←	{\bf Das ist Bold Face}
Das ist Typewriter	←	{\tt Das ist Typewriter}

Tabelle 3.2: Schriftarten

3.4 Schriftgröße und Schriftart wechseln

Das kombinierte Ändern von Schriftart und -größe stellt keine Schwierigkeit dar. Es ist nur zu beachten, wie LaTeX mit solchen Überlagerungen verfährt. Angenommen, Sie möchten zunächst eine größere Schrift wählen und dann etwas später für ein **paar Worte** eine andere Schriftart. Die Eingabe sieht so aus:

```
Angenommen, Sie m"ochten zun"achst {\Large eine gr"o"sere Schrift
w"ahlen und dann etwas sp"ater f"ur ein {\bf paar Worte} eine andere
Schriftart}. Die Eingabe sieht folgenderma"sen aus:
```

Beachten Sie, daß zuerst die Schrift*größe* zu wählen ist, weil eine ausgewählte Schriftart durch die Wahl einer anderen Schriftgröße *aufgehoben* wird. Betrachten Sie sich einmal das nächste Beispiel. Dort wird zunächst wieder auf eine etwas größere Schrift umgeschaltet, dann werden mehrere Schriftarten durchgespielt. Sie erkennen, daß der Wechsel der Schrift*art* keinerlei Einfluß auf die Größe hat. Jedoch sorgt die Wahl einer Größe stets für die Aufhebung der bislang gültigen Art.

In diesem Absatz wird gezeigt, wie von Roman gewechselt wird zu *Slanted, und dann zu* Sans Serif und schließlich zu Typewriter, der einzigen nicht-proportionalen Schrift.

In der LaTeX-Datei sieht das so aus:

```
{\large In diesem Absatz wird gezeigt, wie von Roman gewechselt
wird zu \sl Slanted, und dann zu \sf Sans Serif und schlie"slich
zu \tt Typewriter, der einzigen nicht-proportionalen Schrift.}
```

Der diesem Absatz folgende Text wird übrigens nicht in der Schriftart *typewriter* gesetzt, obwohl diese nicht explizit „abgeschaltet" wurde. Nicht anders verhält es sich, wenn auf die größere Schriftart mit einem \begin ... \end...-Bereich umgeschaltet wird. Das bedeutet, daß die Reichweite eines derartigen Wechsels auf jeden Fall mit dem Bereich endet, innerhalb dessen der Wechsel stattfand. Es spielt keine Rolle, ob der Bereich mit \begin ... und \end... oder mit geschweiften Klammern geschaffen wurde.

3.5 Hervorhebung von Textteilen

Einzelne Textpassagen werden im Buchdruck durch *kursive* Schrift hervorgehoben, bei anderen Dokumentenarten auch durch Unterstreichung. Das kurze Umschalten auf *Kursivschrift* erfolgt mit dem \em-Befehl.

```
In diesem Satz wird {\em ein Wort} kursiv gedruckt.
```

Damit wird nichts anderes erreicht, als der Wechsel zur Schriftart *italic*. Allerdings gibt Ihnen LaTeX, wenn Sie den \em-Befehl benutzen, die Möglichkeit, sehr bequem Hervorhebungen schachteln zu können. Wenn Sie innerhalb einer Hervorhebung noch eine Hervorhebung anordnen, schaltet LaTeX auf die Standardschrift Roman zurück. „*Das ist eine Hervorhebung, die ihrerseits eine* Hervorhebung *enthält.*" In der LaTeX-Datei sieht das so aus:

```
{\em Das ist eine Hervorhebung, die ihrerseits eine
{\em Hervorhebung} enth"alt.}
```

Wenn Sie nur einen Wortteil durch Kursivschrift hervorheben, kann es zu unschönen Kollisionen zwischen dem letzten kursiven und dem folgenden Buchstaben kommen, wie z.B. bei *Disk*drive. Fügen Sie hier einen kleinen Zwischenraum ein, indem Sie ein \/ (ohne Leerschritte) zwischen die Wortteile schieben. *Disk*drive erhalten Sie durch die Eingabe von {\em Disk}\/drive.

Die Syntax des Unterstreichungsbefehls weicht etwas von der der anderen, bisher gezeigten Befehlen ab. Die Ausgabe von „In diesem Satz ist ein Wort unterstrichen" erhält man mit

```
In diesem Satz ist \underline{ein Wort} unterstrichen.
```

Für das Hoch- und Tiefstellen von Worten gibt es den Befehl \raisebox, der auf Seite 114 vorgestellt wird. Auf Seite 138 wird gezeigt, wie eigene Befehle zum Hoch- und Tiefstellen definiert werden können.

Kapitel 4

Absatzformatierung

> *In diesem Kapitel geht es um die LaTeX-Funktionen zur Gestaltung von Absätzen.*

4.1 Zentrierung, rechts- und linksbündiger Satz

4.1.1 Linksbündiger Satz

LaTeX setzt Absätze standardmäßig „im Block" — wie das im Buchdruck üblich ist. Blocksatz bedeutet, daß die Absätze auf beiden Seiten bündig gesetzt werden. Wenn Sie für einen Absatz oder für das gesamte Dokument einen linksbündigen „Flattersatz" wünschen, müssen Sie den Text in einen `flushleft`-Bereich einsetzen.

```
\begin{flushleft}
    Wenn Sie f"ur einen Absatz oder f"ur das gesamte Dokument
    einen linksb"undigen "'Flattersatz"' w"unschen, ...
\end{flushleft}
```

4.1.2 Rechtsbündiger Satz

Das Pendant zu `flushleft` ist `flushright` für den rechtsbündigen Satz. Der Einsatz dieses Befehls ist z.B. bei Briefköpfen denkbar, wie im nächsten Beispiel gezeigt wird.

Feinbein-Software
WEIZENKEIM-ALLEE
D-6500 MAINZ
TEL.: 06131-12345
19. Dezember 1991

Die Einrückungen im folgenden Eingabetext dienen lediglich der Verdeutlichung der Befehlsstruktur. Sie sollten sich dies — besonders bei komplizierteren Verschachtelungen — zur Gewohnheit machen. Es erspart Ihnen unter Umständen die entnervende Suche nach einer fehlenden `\end{...}`-Anweisung.

```
            \begin{flushright}
               {\bf Feinbein-Software}\\       % rechtsbuendig setzen
               \begin{sc}                      % diese Zeile fett
                  Weizenkeim-Allee\\           % ab jetzt Small Caps
                  D-6500 Mainz\\               % als Schriftart
                  Tel.: 06131-12345\\
               \end{sc}
               {\bf \today}                    % Das Datum fett
            \end{flushright}
```

Die Textzeilen werden mit \\ beendet, weil der Zeilenumbruch für LaTeX sonst keine Bedeutung hat.

4.1.3 Zentrierung

Mit der `center`-Anweisung können Sie Text zentriert ausgeben lassen. Die Zentrierung bezieht sich auf den Textrand und nicht auf den Seitenrand. Sehen Sie sich hierzu das folgende Beispiel und den anschließend abgedruckten Quelltext an.

THE ARTISTS
Jello Biafra *voc*
East Bay Ray *gt*
Klaus Flouride *bs*
Ted *dr*

```
            \begin{center}
               \sf                             % Umschaltung auf Sans Serif
               THE ARTISTS\\
               Jello Biafra {\it voc}\\
               East Bay Ray {\it gt}\\         % Instrument kursiv drucken
               Klaus Flouride {\it bs}\\
               Ted {\it dr}
            \end{center}
```

Beachten Sie, daß bei diesem Beispiel — im Gegensatz zum vorangehenden — kein Bereich für die Schriftart Sans Serif angelegt wurde. Zu Beginn des `center`-Bereiches wurde lediglich das Kommando `\sf` eingefügt. Nach der (kursiven) Instrumentenangabe wird automatisch in der zuvor gewählten Schriftart weitergedruckt. Ein nachfolgender Absatz würde nicht in Sans Serif ausgegeben, weil das Ende eines Bereiches (im Beispiel ein `center`-Bereich) stets eine Aufhebung der Wirkung aller Befehle in seinem Inneren bewirkt.

4.2 Spezielle Absatzformate

4.2.1 Zitate

Längere Zitate werden üblicherweise in separaten, etwas schmaleren Absätzen gedruckt. Dies erreichen Sie bei LaTeX durch die Einrichtung eines `quote`-Bereiches.

4.2. Spezielle Absatzformate

Damit wird ein gleichmäßiger, beidseitiger Einzug der Absätze erzielt. Allerdings wird die erste Zeile des Absatzes nicht eingezogen (was eigentlich der Standardeinstellung von LaTeX entspricht[1]). Das Zitat wird durch einen kleinen zusätzlichen Freiraum vom übrigen Text abgesetzt. Zwischen seinen Absätzen wird ebenfalls automatisch ein zusätzlicher Abstand eingeschoben.

> Zitate sind die fehlerhaft wiedergegebenen Worte eines anderen.
>
> *Ambrose Bierce*

Diese Zeilen wurden folgendermaßen eingegeben:

```
\begin{quote}
   Zitate sind die fehlerhaft wiedergegebenen Worte eines anderen.

   {\footnotesize \it Ambrose Bierce}
\end{quote}
```

Ein quotation-Bereich unterscheidet sich in zwei Punkten von einem quote-Bereich: Zwischen den einzelnen Absätzen dieses Textbereiches wird kein zusätzlicher Leerraum eingefügt (wohl aber zwischen Zitat und umgebendem Text). Außerdem wird die erste Zeile jedes Absatzes eingezogen. Das folgende Zitat wurde mit dieser Anweisung formatiert.

> Ein lähmender Zauber hielt ihn umfangen und ließ ihn nicht mehr frei. Der Hilflose spürte die winzigen Wurzeln sich weiterbewegen gleich grabenden Fingern, spürte sie gleiten durchs Haar und weiter übers Gesicht und den Hals ...
>
> Die Pflanze aber, gedunsen und riesenhaft, lebte. Und zwischen ihren oberen Trieben begann mit dem Hingang des totenstillen, erstickend schwülen Nachmittags eine neue Blüte sich aufzutun.
>
> *C.A. Smith*

Betrachten Sie nun einmal die letzten Zeilen des folgenden Eingabetextes. Sie finden dort einen neuen Befehl \raggedleft.

```
   ...
   erstickend schw"ulen Nachmittags eine neue Bl"ute sich aufzutun.
   \raggedleft \em C.A. Smith
\end{quotation}
```

Die Befehle \raggedleft, \raggedright und \centering entsprechen in ihrer Wirkung den Bereichen flushright, flushleft und center. Sie dienen dazu, innerhalb eines Bereiches wie quotation z.B. einen rechtsbündigen Satz zu erreichen. Beachten Sie, daß für den *rechts*bündigen Satz der Befehl \raggedleft zu geben ist!

---

[1] Beim Satz dieses Buches wurde der Einzug der ersten Absatzzeile abgeschaltet. Mit welchem Befehl das möglich ist, wird etwas später in diesem Kapitel gezeigt.

4.2.2 Gedichte

Für den Satz von Gedichten hält LaTeX den verse-Bereich bereit. Das Gedicht wird, wie das Zitat, mit einem kleinen Zwischenraum vom umgebenden Text abgesetzt. Die einzelnen Strophen werden bei der Eingabe durch Leerzeilen (i.e. Absätze) getrennt, die Zeilen durch \\. Ist eine Zeile zu lang, wird sie umbrochen und in der nachsten Zeile eingerückt fortgesetzt.

Die Bereiche quote, quotation und verse können bis zu sechs Ebenen tief verschachtelt werden. Sie können z.B. in ein Zitat ein Gedicht aufnehmen und für beide den jeweils benötigten Bereich benutzen.

4.2.3 Thesen

Gerade bei wissenschaftlichen Arbeiten ist es oft erwünscht, Kernthesen, Axiome etc. deutlich hervorzuheben. Deshalb können in LaTeX spezielle Bereiche für Thesen etc. definiert werden. Die Thesen werden von LaTeX automatisch durchnumeriert. Die Textformatierung wird ebenfalls automatisch vorgenommen. Eine These wird stets in diesem Stil ausgegeben:

These 1 *Thesen müssen unbedingt auffallen.*

Mit \newtheorem wird ein solcher Bereich definiert. Dem Befehl wird als Parameter ein Name übergeben, unter dem der Bereich später angelegt werden kann. Ein zweiter Parameter gibt an, welches Schlüsselwort die These einleiten soll. Dieses Schlüsselwort wird später fett ausgegeben. Im obigen Beispiel wurde „These" gewählt — „Axiom", „Satz" etc. wären natürlich auch möglich gewesen. Nach der Definition mit

```
\newtheorem{th}{These}
```

können Thesen im Text folgendermaßen hervorgehoben werden:

```
\begin{th}
    Thesen m"ussen unbedingt auffallen.
\end{th}
```

Hinter \begin{th} kann in eckigen Klammern eine weitere Information (der Name des Urhebers oder dergleichen) folgen. Diese wird der These automatisch in runden Klammern vorangestellt.

```
\begin{th}[A.E.Neumann]
    Thesen m"ussen unheimlich auffallen.
\end{th}
```

These 2 (A.E.Neumann) *Thesen müssen unheimlich auffallen.*

Die Numerierung der Thesen durchzieht das gesamte Dokument. Wenn Sie eine kapitelweise Numerierung wünschen, geben Sie bei der Einleitung des Bereiches, als optionalen Parameter, die Gliederungseinheit chapter an. Andere Gliederungseinheiten wie section sind ebenfalls zulässig (siehe auch Kapitel 7.1).

```
\newtheorem{th}{These}[chapter]
```

Auf Seite 58 wird gezeigt, wie man sich im Text auf Thesen beziehen kann.

4.3 Abstände zwischen Absätzen

LaTeX fügt zwischen Absätzen normalerweise keinen zusätzlichen Leerraum ein. Wenn Sie das Erscheinungsbild der Seite etwas auflockern möchten, können Sie mit verschiedenen Kommandos dafür sorgen, daß die einzelnen Absätze etwas auseinandergezogen werden.

Mit den Befehlen \bigskip, \medskip und \smallskip können Sie drei unterschiedlich große, „vorgefertigte" Abstände einfügen. Die drei Abstände entsprechen etwa $\frac{1}{4}$, $\frac{1}{2}$ bzw. einer ganzen Zeile. Setzen Sie den Befehl an das Ende des jeweiligen Absatzes. Für eine Feineinstellung nach persönlichen Geschmack benutzen Sie den \parskip-Befehl. Das Kommando

```
\parskip1cm
```

bewirkt einen Abstand von einem Zentimeter zwischen den folgenden Absätzen. In der Präambel plaziert, legt \parskip den Absatzabstand für das gesamte Dokument fest.

Da der Absatzabstand mit der jeweils gewählten Schriftgröße harmonieren sollte, sollten Sie hier aber kein absolutes Maß (wie cm) eingeben, sondern eine von der jeweiligen Schrift abhängige Größe. Auf Seite 10 wurde dafür die Einheit ex vorgestellt. Zur Erinnerung: 1ex entspricht der Höhe des Buchstabens x der gerade gewählten Schrift. Einen nicht zu großen dynamischen Absatzabstand erreichen Sie z.B. mit dem folgenden Eintrag in die Präambel Ihres Textes:

```
\documentstyle[11pt,german]{article}
\parskip0.8ex
\begin{document}
```

4.4 Leerräume zwischen und in Absätzen

Mit \vspace können Sie einen frei definierbaren vertikalen Leerraum zwischen zwei Absätze schieben. Dies kann z.B. sinnvoll sein, wenn Sie nachträglich Bilder, Diagramme o.ä. in Ihren Text einkleben möchten.

Die Größe des gewünschten Abstandes wird als Parameter übergeben. Der Befehl \vspace{5cm} fügt einen fünf Zentimeter langen vertikalen Zwischenraum ein. Der

Befehl kann am Ende eines Absatzes oder auch in einem Absatz plaziert werden. Trifft LaTeX innerhalb eines Absatzes auf das Kommando, wird die aktuelle Zeile nicht einfach beendet, sondern korrekt bündig gesetzt. Erst dann wird der Zwischenraum eingesetzt. Wenn Sie den Befehl mit * modifizieren, wird der Raum auch dann eingefügt, wenn er auf den Beginn oder das Ende einer Seite fällt.

Wird zwischen zwei Absätzen das Kommando \vfill eingesetzt, erzeugt LaTeX ebenfalls einen vertikalen Leerraum. Durch diesen wird der zweite Absatz so „weitergeschoben", daß er am unteren Seitenrand endet. Wenn Sie beabsichtigen, einen Absatz1 am Seitenanfang und Absatz2 am Seitenende drucken zu lassen, sieht Ihre Eingabe so aus:

```
...
\newpage
absatz1

\vfill

absatz2
\newpage
...
```

Die Anweisung \newpage, auf die später noch einmal eingegangen wird, löst einen Seitenvorschub aus.

4.5 Zeilenabstand

LaTeX ermittelt den Zeilenabstand in Abhängigkeit von der Schriftgröße jedes Absatzes. Man erhält dadurch ein sehr harmonisch wirkendes Druckbild und sollte den Zeilenabstand deshalb nach Möglichkeit nicht verändern. Wenn das trotzdem nötig wird, benutzen Sie hierfür den Befehl \baselineskip. Der gewünschte Wert wird dem Befehl direkt (ohne geschweifte Klammern) abgehängt.

Die Abhängigkeit des Zeilenabstandes von der benutzten Schriftgröße kann problematisch werden. Wenn nämlich innerhalb eines Absatzes mehrere unterschiedliche Schriftgrößen benutzt werden, kommt es zu unschönen Ergebnissen. In diesem wohl eher seltenen Fall kann man mit \baselineskip korrigierend eingreifen. Weil nur der *letzte* Abstandswert eines Absatzes für das Gesamterscheinungsbild relevant ist, steht der \baselineskip-Befehl am Ende des Absatzes.

Endet ein Absatz z.B. mit einer relativ kleinen Schriftgröße wie footnotesize, erhält man ein besseres Gesamtbild, wenn man den Zeilenabstand etwas erhöht, wie im folgenden Beispiel zu sehen ist.

```
...
Schriftgr"o"sen sollte man tunlichst vermeiden. Sie ruinieren
das Erscheinungsbild einer ganzen Seite.\baselineskip7mm
```

Anderthalbzeiliger Abstand

Magisterarbeiten, Dissertationen oder ähnliche Manuskripte müssen im allgemeinen mit einem eineinhalbfachen Zeilenabstand gedruckt werden. Um das auch mit

LaTeX zu erreichen, muß man eine interne Variable \baselinestretch manipulieren. Der von LaTeX gewählte Zeilenabstand hängt vom Wert von \baselinestretch ab, der als Voreinstellung 1 beträgt. Um nun einen anderthalbzeiligen Abstand zu erhalten, multiplizieren Sie \baselinestretch mit 1.5. Das geschieht mit dem \renewcommand-Befehl. Mit dieser Anweisung „überschreibt" man die Variable \baselinestretch. Setzen Sie das Kommando

```
\renewcommand{\baselinestretch}{1.5}
```

in die Präambel Ihres Textes ein, um den gewünschten Zeilenabstand für das gesamte Dokument zu erhalten. Allerdings kann das Kommando auch an jeder anderen Stelle stehen. Beachten Sie in diesem Fall jedoch, daß LaTeX den Zeilenabstand erst nach einem Wechsel der Schriftgröße ändert. Das bedeutet, daß man sich mit einem Kniff helfen muß, wenn es darum geht, den Zeilenabstand bei gleichbleibender Schriftgröße zu ändern: Wechseln Sie nach der Änderung des Zeilenabstandes kurz auf eine beliebige Schriftgröße und schalten Sie dann mit \normalsize auf die Standardgröße zurück.[2] Die komplette Befehlssequenz sieht so aus:

```
\renewcommand{\baselinestretch}{1.5}   % 1,5 zeiliger Abstand
\small\normalsize                       % Pseudoumschaltung
```

Bei Dissertationen usw. wird oft verlangt, daß der Text mit anderthalbfachem Zeilenabstand, Zitate aber einzeilig gedruckt werden. Nach dem eben gesagten, können Sie dieses Problem sehr einfach lösen, wie der folgende Textauszug zeigt.

```
\documentstyle[german,11pt]{report}
...
\renewcommand{\baselinestretch}{1.5}   % 1,5facher Zeilenabstand
\begin{document}                        % fuer gesamten Text
.
.                                       % "normaler" Text
.                                       % es folgt ein Zitat, das
\renewcommand{\baselinestretch}{1}      % einzeilig zu drucken ist
\small\normalsize                       % Groessenwechsel vorgaukeln
\begin{quote}                           % Beginn d. Zitatbereiches
...                                     % Text des Zitates
\end{quote}                             % Ende d. Zitatbereiches
\renewcommand{\baselinestretch}{1.5}    % Zurueckschalten auf
\small\normalsize                       % groesseren Zeilenabstand
.                                       % und Pseudo-Groessenwechsel
.                                       % normaler Text
.
```

4.6 Einzug der ersten Zeile

Mit Ausnahme der Absätze, die einer Überschrift folgen, rückt LaTeX die erste Zeile jedes Absatzes etwas ein. Sie können diesen Wert vergrößern oder verkleinern. Ge-

---

[2]Dieser Trick stammt aus Helmut Kopkas LTeX-Einführung (siehe Literaturverzeichnis).

ben Sie dafür den Befehl \parindent, gefolgt von der gewünschten Größenangabe ein.

```
\parindent1cm
```

zieht die erste Zeile jedes Absatzes um einen Zentimeter ein. Es können auch negative Einzüge für die erste Zeile festgelegt werden. \parindent-1cm zieht die erste Zeile jedes Absatzes um einen Zentimeter zum linken Blattrand hin.

Man wird den \parindent-Befehl in der Präambel eines Dokumentes plazieren, um eine einheitliche Einrückung zu erzielen. Im Text wirkt das Kommando bis zum Ende des Bereiches oder Dokumentes bzw. bis zum nächsten \parindent-Befehl. In der unten abgedruckten Präambel wird die Absatzeinrückung (wie in diesem Buch) für das gesamte Dokument ausgeschaltet:

```
\documentstyle[12pt,german]{article}
\parindent0cm          % kein Erstzeileneinzug
\begin{document}
...
```

Wenn Sie den Einzug der ersten Zeile für nur einen einzigen Absatz verhindern wollen, können Sie diesen Absatz mit dem \noindent-Befehl einleiten. Umgekehrt bewirkt \indent das Einziehen der ersten Zeile des folgenden Absatzes, wo es ansonsten unterbleiben würde. Stellen Sie den Befehl dem Absatz in einer separaten Zeile voran.

4.7 Absätze auf einer Seite halten

Um zu verhindern, daß ein Absatz — im Zuge des Seitenumbruchs — auf zwei Seiten verteilt wird, kann ihm der \samepage-Befehl vorangestellt werden. Der Befehl kann auch bei den Elementen einer Liste (s.d.) benutzt werden. Um die Reichweite von \samepage zu vergrößern, kann man entweder einen Bereich festlegen oder das Kommando in der Präambel des Textes plazieren. Wenn \samepage in der Präambel steht, sind davon *alle* Absätze betroffen. Ein Bereich für einige Absätze wird folgendermaßen definiert:

```
\begin{samepage}
...
\end{samepage}
```

Ein Seitenumbruch exakt zwischen zwei Absätzen kann mit der \nopagebreak-Anweisung unterbunden werden, wenn diese zwischen den beiden Absätzen eingefügt wird. An \nopagebreak kann ein optionaler Parameter übergeben werden, der LaTeX mitteilt, in welchem Maß ein Verhindern des Umbruchs hier gewünscht wird. Der Wert des Parameters kann zwischen 0 und 4 liegen, wobei 4 für die höchste Priorität steht. Mit anderen Worten verbietet \nopagebreak[4] einen Umbruch an dieser Stelle, während \nopagebreak[0] der freundlichen Bitte gleichkommt, hier doch nach Möglichkeit keinen Umbruch vorzunehmen.

4.8 Einen Seitenumbruch erzwingen

Mit dem \newpage-Befehl erzwingen Sie einen Seitenvorschub. Das kann z.B. dann sinnvoll sein, wenn Sie ein Unterkapitel, ein Zitat o.ä. auf einer neuen Seite beginnen lassen möchten. Mit \pagebreak wird ein Seitenumbruch in einem Absatz vorgeschlagen. Wie bei \nopagebreak (s.o.) kann mit einem optionalen Parameter festgelegt werden, inwieweit LaTeX diesem Kommando folgen „soll" oder „kann".

Wenn Sie beabsichtigen, die Breite einzelner Absätze im Text zu verändern, müssen Sie mit sog. Absatzboxen arbeiten.Diese werden in Kapitel 14.2 vorgestellt.

Kapitel 5

Seitenformatierung

> *In diesem Kapitel geht es um das Erscheinungsbild der einzelnen Druckseiten, d.h. um die Textbreite und -länge, die Seitennumerierung usw. Da solche Einstellungen üblicherweise für das gesamte Dokument gelten, werden die jeweiligen Befehle in der Präambel untergebracht.*

5.1 Seitenränder

5.1.1 Textbreite und -länge

Mit dem \textwidth-Befehl können Sie die Breite der Textzeilen verändern. In der unten abgedruckten Präambel wird die Zeilenbreite auf 10 cm eingestellt. Das ist deutlich weniger als in der LaTeX-Voreinstellung. Ein schmaler Textkörper kann schön aussehen, beachten Sie aber, daß kürzere Zeilen zur Folge haben, daß LaTeX häufiger trennen muß, bzw. häufiger Leerflächen einschieben muß, um den Blocksatz zu erreichen (siehe hierzu auch Seite 20). Insgesamt kann das Erscheinungsbild der Seite dadurch eher verschlechtert werden. Zu breite Zeilen sind dagegen anstrengend zu lesen. Der optimale Wert liegt bei 60 bis 65 Zeichen pro Zeile.

```
\documentstyle[11pt,german]{report}
\sloppy                 % Trennvorschrift lockern
\textwidth10cm          % Textbreite 10 cm.
\begin{document}
```

Beachten Sie, daß die Maßangabe direkt an den Befehl angehängt wird.

Mit Text*länge* ist hier das bedruckte Areal auf einer Seite abzüglich Kopf- und Fußzeilenbereich gemeint. Der Eintrag des Kommandos

```
\textheight20cm
```

in der Präambel „verlängert" den bedruckten Teil der Seite. Wenn Sie mit außergewöhnlichen Papierformaten arbeiten, können Sie den Druckbereich natürlich auch kürzen. Die Fußzeilen, Seitenzahlen etc. werden automatisch nachgezogen, so daß Sie z.B. DIN A5-Papier bedrucken können.

Das \topskip-Kommando erlaubt Ihnen festzulegen, mit welchem Abstand von der eigentlichen Oberkante des Textbereiches die Grundlinie der ersten Zeile liegen soll.

5.1.2 Der linke und rechte Seitenrand

Der linke Seitenrand — das ist der Abstand zwischen linkem Papierrand und Beginn des Textbereiches — kann mit dem Befehl \oddsidemargin festgelegt werden. Da LaTeX von sich aus einen linken Seitenrand von einem Inch vorsieht, wird der von Ihnen gewählte Wert diesem Rand *hinzugefügt*. Mit negativen Werten verkleinern Sie den Rand.

Bei dem Dokumentenstil book bzw. beim doppelseitigen Druck[1] werden gerade und ungerade Seiten mit unterschiedlich breiten linken Rändern gesetzt (der äußere Rand ist etwas breiter als der innere). Der \oddsidemargin-Befehl wirkt dabei nur auf ungerade Seiten. Um auch bei den geraden Seiten den linken Rand zu verändern, müssen Sie zusätzlich den \evensidemargin-Befehl benutzen. Dieses Kommando ist bei anderen Dokumentenstilen wirkungslos. Dort können Sie nur \oddsidemargin einsetzen. Die nächsten Zeilen zeigen, wie man einen relativ breiten linken Rand einstellen kann.

```
\documentstyle[german,11pt]{report}
\oddsidemargin5cm
...
```

Der rechte Seitenrand ist vom linken Seitenrand und dem Wert abhängig, den Sie \textwidth übergeben haben.

5.1.3 Der obere Seitenrand

Der obere Seitenrand ist der Abstand zwischen der Oberkante des durch den Drucker bedruckbaren Papierbereiches und der oberen Kante der Kopfzeile. Der Wert kann mit dem \topmargin-Befehl variiert werden. Geben Sie den gewünschten Wert direkt hinter dem Befehl in der Präambel ein (z.B. \topmargin1cm). LaTeX gibt einen oberen Seitenrand von einem Inch vor, so daß der von Ihnen gewählte Wert diesem Rand *hinzugefügt* wird. Mit negativen Werten reduzieren Sie diesen Rand.

Sie können Längen auch mit dem \addtolength-Befehl ändern. Übergeben Sie dem Befehl zuerst den Namen der zu ändernden Variablen und dann den gewünschten Wert. Mit \addtolength{\topmargin}{-0.5cm} wird z.B. der obere Seitenrand verringert.

5.1.4 Der untere Seitenrand

Wenn Sie den Dokumentenstil book benutzen oder doppelseitig drucken, sorgt LaTeX dafür, daß die Länge des Textareales auf jeder Seite die gleiche ist. LaTeX ruft dafür

---

[1] Mit doppelseitig ist das Bedrucken des Papieres auf Vorder- und Rückseite gemeint. Wie das geht, wird im nächsten Kapitel gezeigt. Doppelseitiger Druck verlangt eine spezielle Formatierung, bei der die jeweils äußeren Ränder der Seiten breiter gehalten werden als die inneren. Trotzdem müssen sich die bedruckten Areale der Vorder- und Rückseiten decken.

automatisch den Befehl \flushbottom auf. Sie können diesen Befehl bei anderen Dokumentenstilen verwenden, um auch dort identische untere Ränder auf allen Seiten zu erhalten. LaTeX fügt nach \flushbottom, dort wo es nötig wird, kleine vertikale Leerräume ein, um übereinstimmende Seitenspiegel zu erzeugen. Wenn Sie dies beim doppelseitigen Druck oder bei Verwendung des Dokumentenstils book nicht wünschen, müssen Sie den Befehl \raggedbottom in die Präambel aufnehmen. Damit wirkt der Satz dann ein wenig harmonischer, jedoch sind die Längen des Textbereiches eben nicht vollkommen identisch. Bei den Dokumentenstilen report und article ist \raggedbottom die Voreinstellung.

Der untere Seitenrand hängt im übrigen vom oberen Rand, der Textlänge und den Einstellungen für Kopf- und Fußzeilen ab (vgl. Seite 67).

5.2 Seitennumerierung

Die Seitenzahlen werden in Form arabischer Zahlen in den Kopf- bzw. Fußzeilen ausgedruckt. Die Art der Numerierung kann mit dem \pagenumbering-Befehl verändert werden. Der Befehl hat zwei Funktionen. Zum einen setzt er einen internen Zähler auf eins, zum anderen definiert der übergebene Parameter, wie der Zählerstand auszugeben ist. Z.B. sorgt der Eintrag von \pagenumbering{Roman} für eine Numerierung mit großen römischen Zahlen (IV). Mit dem Parameter roman erhält man kleine römische Zahlen, mit alph kleine und mit Alph große Buchstaben.

Das pagenumbering-Kommando kann innerhalb des Textes auftauchen. Die aktuelle Seite erhält dann die Nummer eins. Die Zahlen werden entsprechend der übergebenen Ausgabevariante gesetzt.

Wenn Sie ein umfangreicheres Dokument aus mehreren Texten zusammensetzen oder „fremde" Seiten (Bilder, Diagramme) in Ihren Text einfügen möchten und durchgehende Seitenzahlen wünschen, müssen Sie den internen Seitenzähler mit dem \setcounter-Befehl manipulieren. Dem Kommando wird der Name des Zählers und der neue Wert übergeben. Der Zähler für die Seitenzahlen heißt page. Um also die Seitennumerierung bei 42 beginnen zu lassen, muß im Text die folgende Zeile eingefügt werden:

\setcounter{page}{42}

5.3 Seitenzahlen umformatieren

Wenn LaTeX einen Zählerstand ausgibt, wird intern ein Befehl aufgerufen, dessen Name sich aus der Silbe the und dem Namen des Zählers zusammensetzt. Die Ausgabe der Seitenzahl erfolgt also mit dem internen Befehlsaufruf \thepage. Sie können diesen Befehl benutzen, wenn Sie die aktuelle Seitenzahl ausgeben möchten.

Der Befehl \thepage gibt die Seitenzahl mit der von Ihnen oder LaTeX vorgegebenen Formatierung aus. In der Voreinstellung steht \thepage für \arabic{page}

— ein Befehl, den Sie ebenfalls im Text plazieren können. Wenn Sie mit \pagenumbering{Roman} eine andere Ausgabeart gewählt haben, löst der Aufruf von \thepage den Aufruf von \Roman{page} aus. \thepage ist also auch eine Art Platzhalter, für den LaTeX unterschiedliche andere Befehle einfügt.

In Kapitel 4.5 wurde schon einmal der \renewcommand-Befehl erwähnt. Mit diesem Kommando lassen sich interne Einstellungen oder Platzhalter von LaTeX verändern. Das kann man sich zunutze machen, wenn man Seitenzahlen mit einem speziellen Format drucken lassen möchte. Man kann nämlich dem Platzhalter \thepage mit \renewcommand einen anderen Befehl zuweisen. Wenn Sie z.B. die Seitenzahlen kursiv drucken lassen möchten, setzen Sie diese Zeile in die Präambel ein:

```
\renewcommand{\thepage}{\it\arabic{page}}
```

Mit

```
\renewcommand{\thepage}{-\arabic{page}-}
```

erreichen Sie die Ausgabe der Seitenzahlen in Spiegelstrichen.

5.4 Einzelne Seiten zweispaltig drucken

Wenn Sie ein ganzes Dokument zweispaltig setzen lassen möchten, können Sie dies mit einer entsprechenden Parameterübergabe an den \documentstyle-Befehl[2] erreichen. Eine oder mehrere Seiten eines sonst einspaltig gesetzten Textes werden mit dem \twocolumn-Befehl zweispaltig gedruckt. Der doppelspaltige Satz beginnt stets auf einer neuen Seite und wird mit dem Befehl \onecolumn wieder aufgehoben. Der einspaltige Satz beginnt dann ebenfalls wieder auf einer neuen Seite. Dem \twocolumn-Befehl kann als optionaler Parameter ein Text übergeben werden, der *ein*spaltig am Anfang der neuen Seite über die beiden Textspalten gesetzt wird. Hier ein kurzes Beispiel:

```
\twocolumn[Dieser Text wird einspaltig "uber eine neue zweispaltig
gesetzte Seite gedruckt. Dieser Vorspann kann l"anger als eine Zeile
sein. Er kann {\em Zeichenformatierungen} enthalten und er kann in einer
besonderen Schriftart gedruckt werden.

Er kann sogar einen weiteren Absatz enthalten, obgleich das nicht sehr
sch"on aussieht. Die ersten Zeilen der Abs"atze werden von \LaTeX\
nicht eingezogen.]

Und hier beginnt der zweispaltige Text ...
...
\onecolumn    % hier wird wieder auf einspaltigen Druck umgeschaltet
```

---

[2]siehe folgendes Kapitel

5.5 Titelseite und Abstract

5.5.1 Die Titelseite

LaTeX nimmt Ihnen auf Wunsch auch die Gestaltung der Titelseite ab. Eine Titelseite besteht aus den Komponenten Titel, Autorennamen, Datum und Anmerkungen zu einer der ersten beiden Komponenten.

LaTeX plaziert die Angaben, bei den Stiloptionen book und report, zentriert auf einer einzelnen Seite ohne Seitenzahl. Die erste nachfolgende Textseite trägt die Nummer eins. Beim Dokumentenstil article werden Titel usw. am Kopf der ersten Seiten ausgedruckt.

Um auch beim Dokumentenstil article eine eigene Titelseite zu reservieren, müssen Sie den Parameter titlepage in die eckige Parameterklammer der \documentstyle-Anweisung aufnehmen.

Der Titel eines Dokumentes wird LaTeX mit dem \title-Befehl bekanntgegeben. Diesem Kommando wird der Titel als Parameter übergeben. Autorennamen werden dem Kommando \author übergeben. Hier ein Beispiel für eine einfache Titelseite, deren *Ausdruck* mit dem Befehl \maketitle bewirkt wird.

```
\documentstyle[german,11pt]{report}  % eine kurze Praeambel
\begin{document}                      % der Beginn des Textes
    \title{C-Programmierung}          % Titel der Publikation
    \author{A.E. Neumann}             % und der Name des Autors
    \maketitle                        % die Druckanweisung
    ...                               % hier beginnt der Text
```

LaTeX setzt automatisch das Systemdatum ein, es sei denn, Sie fügen mit einer \date-Anweisung einen eigenen Text ein. Im folgenden Beispiel wurde diese Möglichkeit für eine Verlags- und Copyright-Angabe genutzt:

```
\documentstyle[german,11pt,titlepage]{article}
\sloppy
\begin{document}
    \title{C f"ur Anf"anger}
    \author{A.E. Neumann\\Entenhausen}
    \date{Edition Schlabotnik\\\copyright 1991}
    \maketitle
    ...
```

Wenn der Autorenname sehr lang ist oder mit Titeln, Firmennamen etc. komplettiert werden soll, kann man, wie das obige Beispiel zeigt, mit \\ einen Zeilenumbruch an der gewünschten Stelle einfügen. Die Angaben werden dann zentriert untereinander gesetzt.

Wenn mehrere Autoren zu nennen sind, werden deren Namen durch die \and-Anweisung getrennt:

```
...
\begin{document}
\title{C f"ur Fortgeschrittene}
\author{A.E. Neumann\\Entenhausen \and A. Feinbein\\Mainz}
\date{Edition Schlabotnik\\\copyright 1991}
...
```

Um Anmerkungen anzufügen, benutzen Sie die \thanks-Anweisung, der der Anmerkungstext als Parameter übergeben wird:

```
...
\begin{document}
\title{C f"ur Besessene}
\author{A.E. Neumann
   \thanks{Vorsitzender des int.\ C-Komitees}
}
\date{Edition Schlabotnik\\\copyright 1991}
\maketitle
...
```

Die Anmerkung wurde in diesem Beispiel dem Autorennamen zugeordnet. Sie wird, ähnlich wie eine Fußnote, am unteren Seitenrand ausgedruckt.

5.5.2 Selbstgestaltete Titelseiten

Wenn Ihnen die Gestaltung der Titelseite durch LaTeX nicht zusagt, können Sie Ihre eigene entwerfen. Definieren Sie hierfür einen Bereich `titlepage` mit Ihrer Titelseite. Diese Seite wird automatisch ausgedruckt, eine zusätzliche \maketitle-Anweisung ist nicht notwendig. Der folgende Textauszug zeigt ein Beispiel.

```
\documentstyle[german,11pt]{report}
\begin{document}
\begin{titlepage}              % Definition der Titelseite
  \begin{flushright}           % rechtsbuendige Ausgabe
     {\LARGE\bf C - Praxis}    % grosse Schrift f. d. Titel
     \vspace{4cm}              % etwas Abstand

     Tips \& Tricks            % Untertitel
     \vspace{1cm}

     von
     \vspace{1cm}

     A.E. Feinbein              % Autorenname
  \end{flushright}             % Ende d. rechtsb. Ausgabe
\end{titlepage}                % Ende der Titelseitendef.
...                            % hier beginnt der Text
```

5.5.3 Der Abstract

Wenn Sie die Dokumentenstile `report` oder `article` benutzen, können Sie der Titelseite einen Abstract folgen lassen. Definieren Sie dafür, wie im folgenden Beispiel, einen eigenen Bereich `abstract`, in den der Text eingefügt wird. Das \maketitle-Kommando löst auch den Ausdruck des Abstracts aus. LaTeX versieht diesen kurzen Text mit der Überschrift „Zusammenfassung".

```
...
\begin{document}

\title{...}
\author{...}

\begin{abstract}
   Dies ist ein Abstract. Er fa"st die wesentlichen Punkte des
   Dokumentes f"ur eilige oder faule Leser knapp zusammen.
   ...
\end{abstract}

\maketitle
...
```

Kapitel 6

Dokumentenformatierung

> *Nach der Behandlung der Zeichen-, Absatz- und Seitenformatierung widmet sich dieses Kapitel der Formatierung des Gesamttextes durch die Wahl des Dokumentenstils und verschiedener Stiloptionen.*

6.1 Auswahl eines Dokumentenstils

Das Erscheinungsbild eines Dokumentes wird zwar wesentlich durch die Formatierung auf Absatz- und Seitenebene bestimmt. Die generelle Layout-Definition wird aber global durch die Auswahl eines Dokumentenstils festgelegt. LaTeX bietet vier *document styles* an: book, article, report und letter.

▷ Der Dokumentenstil book ist für Bücher und vergleichbare Publikationen gedacht. Die Druckausgabe erfolgt von vornherein doppelseitig, wie Verlage das von reproduktionsreifen Manuskripten erwarten. Die äußeren Seitenränder fallen deutlich breiter aus als die inneren.

▷ Das article-Layout ist für kleinere Texte (Zeitschriftenbeiträge, Berichte, Seminararbeiten etc.) konzipiert worden.

▷ Mit dem Layout report werden größere, stärker strukturierte Abhandlungen wie Dissertationen usw. gesetzt. Die Druckausgabe erfolgt bei den Layouts article und report einseitig, doppelseitiger Druck ist freilich auch hier möglich.

Die Unterschiede zwischen den drei Stilvorgaben article, report und book werden in den folgenden (Unter-) Kapiteln noch angesprochen. Sie machen sich z.B. bei der Dokumentenstrukturierung oder bei den Kopfzeilen bemerkbar.

▷ Der letter-Stil unterstützt die Abfassung von Briefen. Hierauf wird am Ende des Kapitels eingegangen.

6.2 Auswahl des Dokumentenstils

Der Dokumentenstil wird mit der \documentstyle-Anweisung in der Präambel festgelegt. Mit der folgenden Anweisung wird das Layout book ausgewählt.

    \documentstyle{book}

6.3 Optionale Einstellungen

Sie können dem \documentstyle-Befehl optionale Parameter übergeben, mit denen Sie das Layout des Textes beeinflussen. Diese werden in eckige Klammern vor den Stilparameter gesetzt. Werden mehrere Parameter angegeben, werden sie durch Kommata getrennt. Die Reihenfolge der Parameter spielt keine Rolle. Vermeiden Sie die Eingabe von Leerzeichen.

    \documentstyle[german,11pt]{book}

Sie sehen hier den Parameter german, mit dem eine Anpassung von LaTeX an die deutsche Sprache eingebunden wird. Das betrifft die Anführungszeichen, Umlaute, Silbentrennung, die Datumsausgabe und anderes mehr.

Neben den anderen Parametern, die im folgenden besprochen werden, stellt Ihr LaTeX-System möglicherweise noch weitere zur Verfügung (firmen- oder universitätseigene Stylesheets usw.). Diese werden dann ebenfalls in die eckige Klammer aufgenommen.

6.3.1 Die Standardschriftgröße

Wenn Sie keinen Schriftgrößenparameter übergeben, setzt LaTeX Ihren Text in einer 10 Punkt großen Schrift. Als alternative Standardschriftgröße[1] können Sie hier 11pt oder 12pt wählen.

6.3.2 Doppelseitiger Druck

Doppelseitiger Druck bedeutet, daß der Text in Form von linken (geraden) und rechten (ungeraden) Seiten mit unterschiedlicher Formatierung ausgedruckt wird. Die äußeren Seitenränder sind dabei etwas breiter als die inneren (zur Bindung hin liegenden). LaTeX setzt den Text dabei so, daß sich die bedruckten Zonen der späteren Vorder- und Rückseiten decken. Beim Dokumentenstil book ist dies die Voreinstellung.

Um einen z.B. mit dem Dokumentenstil report gesetzten Text so aufzubereiten, daß er doppelseitig gedruckt werden kann, geben Sie twoside als optionalen Parameter an. Das Beispiel zeigt, wie eine \documentstyle-Anweisung auszusehen hat, um

---

[1] Standardschriftgröße bedeutet, daß der gesamte Text in dieser Größe gedruckt wird, soweit Sie die Schriftgröße nicht mit einer Zeichenformatierung verändern.

einen Text im report-Stil mit einer Standardschriftgröße von 11 Punkt, doppelseitig und unter Einbeziehung der Anpassung an den deutschen Sprachraum setzen zu lassen.

```
\documentstyle[german,twoside,11pt]{report}
```

Es gibt Druckertreiber, die gerade und ungerade Seiten getrennt ausdrucken können. Nur unter dieser Voraussetzung sind Sie in der Lage, die Seiten auch wirklich beidseitig bedrucken zu lassen. Werfen Sie hierzu einen Blick in die Bedienungsanleitung Ihres Druckertreibers.

6.3.3 Zweispaltiger Satz

Der Parameter twocolumn bewirkt einen zweispaltigen Satz. Hierauf wird weiter unten eingegangen.

6.3.4 Beeinflussung des Formelsatzes

Der Parameter fleqn bewirkt, daß Formeln nicht zentriert gesetzt werden, sondern linksbündig. Der Einzug wird mit dem \mathindent-Kommando gewählt. Der Parameter leqno läßt die Nummern der Formeln linksbündig setzen. Auf beide Parameter wird auf Seite 98 in Kapitel 13.3 eingegangen.

6.4 Zweispaltiger Satz

Um einen kompletten Text zweispaltig setzen zu lassen, komplettieren Sie zunächst die \documentstyle-Anweisung mit dem twocolumn-Parameter:

```
\documentstyle[german,twocolumn,11pt]{report}
```

Wenn Sie die Spalten durch eine Linie trennen lassen möchten, fügen Sie die \columnseprule-Anweisung in die Präambel ein. Ihr wird unmittelbar die gewünschte Breite dieser Linie angehängt. In der folgenden Zeile wird eine Linienstärke von 0,2 Millimetern festgelegt.

```
\columnseprule0.2mm
```

Der Abstand zwischen den beiden Textspalten kann mit dem \columnsep-Befehl variiert werden. Mit der Anweisung \columnsep1.5cm in der Präambel erreichen Sie einen Spaltenabstand von 15mm. Achten Sie darauf, daß die Spalten nicht zu schmal geraten. Weniger als 35 bis 40 Zeichen pro Zeile fordern dem Leser zu viele, auf die Dauer anstrengende, Augenbewegungen ab. Schmale Spalten verlangen außerdem ein häufigeres Trennen bzw. Auffüllen der Zeilen mit Leerräumen, was nicht sehr schön aussieht. Beim zweispaltigen Satz bewirken \newpage und \pagebreak, daß der nachfolgende Text am Anfang einer neuen *Spalte* ausgegeben wird. Mit den Befehlen \clearpage und \cleardoublepage wird eine neue *Seite* begonnen.

6.5 Briefe

Der Dokumentenstil `letter` ist für die Abfassung von Briefen gedacht. Der Dokumentenstil wird mit dem bekannten Verfahren gewählt:

```
\documentstyle[11pt,german]{letter}
```

Im Textteil, also nach `\begin{document}`, werden verschiedenen LaTeX-Variablen Daten zugeordnet. Z.B. muß das Programm wissen, wie Ihre Adresse (für den Briefkopf) lautet. Bei mehrzeiligen Angaben werden die Zeilen durch `\\` getrennt.

```
\address{Panzerknacker Inc.\\Holzweg 4b\\
         6500 Entenhausen 3}
```

Nun kann der eigentliche Brief abgefaßt werden. Der Text wird in einen Bereich `letter` eingegeben. Der Bereichseinleitung folgt als Parameter die Adresse des Empfängers:

```
                |<--------------Empfaenger--------------->|
\begin{letter}{Dagobert Duck\\ 0500 Entenhausen 1 \\ ...}
...
\end{letter}
```

In einem `letter`-Bereich ist es nicht möglich, mit Gliederungskommandos wie `\chapter` zu arbeiten.

Innerhalb des Bereiches können weitere Befehle genutzt werden, die Ihnen die Formatierung des Schreibens abnehmen. Sie müssen sich z.B. nicht darum kümmern, in welchem Abstand vom Text die Unterschriftszeile, die Grußformel etc. zu stehen hat. Statt dessen übergeben Sie diese Daten als Parameter an `\signature` und `\closing`. Den Satz nimmt Ihnen dann LaTeX ab.

Die folgende Tabelle zeigt die beim Dokumentenstil `letter` verfügbaren Befehle. Die LaTeX-Version, mit der Sie arbeiten, kennt möglicherweise noch andere Befehle. Den Befehlen werden die entsprechenden Daten als Parameter in geschweiften Klammern übergeben.

Befehl	Parameter
\address	Adresse des Absenders
\signature	Name des Absenders
\opening	Anrede bzw. Begrüßungsformel
\closing	Grußformel
\encl	Liste der Anlagen
\cc	Kopie an
\ps	Postscript

Der mit `\signature` gespeicherte Name wird von LaTeX ein Stück unter der Grußformel plaziert. Das Datum fügt LaTeX selbständig unterhalb des Briefkopfes ein. Hier ein einfaches Beispiel für den Aufbau eines mit LaTeX verfaßten Briefes.

6.5. Briefe

```
\documentstyle[11pt,german]{letter}
\begin{document}
   \address{{\bf Feinbein Software}\\       % Absender
            Weizenkeim-Allee\\6500 Entenhausen 3}
   \signature{Alfons E. Feinbein\\Boss}     % Unterschriftszeile
   \begin{letter}{                          % Anfang des Briefes
      Herrn A.E. Neumann\\                  % Empfaenger
      6500 Entenhausen 1\\Dagobertstr. 5}
   \opening{Sehr geehrter Herr Neumann,}    % Anrede
   vielen Dank f"ur Ihren bla bla bla,      % Text
   fabulier, bla bla ...
   \closing{Mit freundlichen Gr"u"sen}      % Grussformel
   \ps{P.S.:Die Preise verstehen sich excl. Vergn"ugungssteuer}
   \cc{D.Duck\\M.Mouse}                     % Verteiler
   \encl{1 Pflichtenheft\\1 Gummiente}      % Verz. d. Anlagen
   \end{letter}                             % Ende des Briefes
\end{document}
```

Die Befehle \encl und \cc erzeugen vor dem von Ihnen eingegebenen Text die Ausgabe „encl:" bzw. „cc:". Die \ps-Anweisung führt zu keiner Ausgabe. Die Buchstaben „P.S." müssen Sie also selbst eingeben. Die drei genannten Befehle dürfen erst nach der Grußformel \closing auftreten. Da „encl:" und „cc:" keine üblichen Formulierungen sind, empfiehlt es sich, mehrere \ps-Anweisungen untereinander zu setzen und für Anlagen z.B. die Form

\ps{Anlage: ...}

zu wählen. Mit \bigskip oder \vspace können Sie diese Zeile(n) etwas weiter vom eigentlichen Text absetzen als das standardmäßig vorgesehen ist.

Unveränderliche Daten, wie Ihre Adresse, sollten Sie in einer separaten Datei ablegen und mit dem \input-Befehl in das jeweilige Dokument einfügen (siehe Seite 133). Wenn Sie den Befehl \makelabels in die Präambel aufnehmen, erzeugt LaTeX einen Adressaufkleber.

Kapitel 7

Textgliederung und Inhaltsverzeichnis

> *In diesem Kapitel geht es zunächst um die logische Strukturierung Ihrer Texte, um die Aufteilung in Kapitel und Unterkapitel. Dann wird gezeigt, wie man diese Struktur mit einem Inhaltsverzeichnis darstellen lassen kann.*

7.1 Gliederung des Textes in Kapitel

Texte können in Kapitel (z.B. 1) und Unterkapitel (z.B. 1.1) untergliedert werden. Wenn man die (Unter-) Kapitelüberschriften für LaTeX kenntlich macht, wird die gesamte Durchnumerierung und die an die Gliederungsebene angepaßte Formatierung der Überschriften automatisch vorgenommen. Außerdem übernimmt LaTeX die (Unter-) Kapitelüberschriften automatisch in die Kopfzeile, wenn die Option headings beim \pagestyle-Befehl benutzt wird (vgl. Seite 64 ff.). Die Überschriften werden automatisch in das Inhaltsverzeichnis eingefügt, worauf noch eingegangen wird.

Überschriften werden mit Kommandos kenntlich gemacht, die die Gliederungsebene beschreiben. Z.B. definiert der Befehl

```
\chapter{Erdferkel und Redundanztheorie}
```

die Kapitelüberschrift eines Buches. Die Kapitelnummer vergibt LaTeX später selbständig. Auch wenn weitere Kapitel *vor* diesem eingefügt werden: die Kapitel werden stets korrekt numeriert sein.

Beachten Sie, daß die Struktur Ihrer Gliederung konsistent sein muß, d.h. , daß Unterkapiteln Kapitel vorausgehen *müssen* usw. Lediglich bei Büchern kann auf die Gliederungsebene \part (s.u.) verzichtet werden.

Gliederungsebenen

Die Ebenen der Gliederung bzw. die entsprechenden Befehle, mit der diese Ebenen kenntlich gemacht werden, zeigt Tabelle 7.1. Alle Befehle werden mit der gleichen

Syntax eingegeben:

```
\Ebene{Ueberschrift}
```

Ebene	Dokumentenstil		
	book	report	article
\part	•	—	—
\chapter	•	•	—
\section	•	•	•
\subsection	•	•	•
\subsubsection	•	•	•
\paragraph	•	•	•
\subparagraph	•	•	•

Tabelle 7.1: Gliederungsebenen

Tabelle 7.1 zeigt, daß bei den Stilvorgaben `report` und `article` nicht alle Ebenenbezeichnungen verfügbar sind. Leslie Lamport hat dies so eingerichtet, damit sich *articles* später ohne Änderungen in *reports* und diese in *books* eingliedern lassen.

Hier eine schematische Darstellung einer solchen Gliederung. Zunächst der Eingabetext:

```
\documentstyle[german,11pt]{book}
\begin{document}
   \part{Name}                    % nur fuer book verfuegbar
      \chapter{Name}              % nur fuer book und report verfuegbar
         Das ist die Ebene {\tt chapter}
      \section{Name}
         Das ist die Ebene {\tt section}
      \subsection{Name}
         Das ist die Ebene {\tt subsection}
      \subsubsection{Name}
         Das ist die Ebene {\tt subsubsection}
      \paragraph{Name}
         Das ist die Ebene {\tt paragraph}
      \subparagraph{Name}
         Das ist die Ebene {\tt subparagraph}
   ...
```

Der \part-Befehl führt zur Ausgabe einer separaten Seite, auf der groß und zentriert „Teil 1" und dann in der nächsten Zeile der Name dieses Teils des Buches steht. Wenn zwischen der \part- und der ersten \chapter-Anweisung Text steht, folgt dieser auf der nächsten Seite. Andernfalls beginnt auf der nächsten Seite das erste Kapitel. Kapitel tragen die Überschrift „Kapitel 1" etc., gefolgt von einer Zeile mit dem Namen des Kapitels. LaTeX beginnt mit neuen Kapiteln grundsätzlich eine neue Seite mit einem größeren oberen Seitenrand. Die Darstellung der Überschriften unterhalb der Ebene \part wird hier schematisch gezeigt.

Kapitel 1

Name

Das ist die Ebene chapter

1.1 Name

Das ist die Ebene section

1.1.1 Name

Das ist die Ebene subsection

Name

Das ist die Ebene subsubsection

Name   Das ist die Ebene paragraph

Name   Das ist die Ebene subparagraph

Sie können anhand des Beispiels (wie im übrigen auch an den Überschriften in diesem Buch) die Zählweise von LaTeX nach dem Muster

> Kapitel 1
> 1.1
> 1.1.1
> ...
> Kapitel 2
> 2.1
> ...

erkennen. Die Benutzung von \part als Gliederungsebene von Büchern beeinflußt die Numerierung auf der Kapitelebene nicht, d.h. das erste Kapitel beginnt grundsätzlich mit „1".

7.2 Manipulation der Kapitelnumerierung

Kapitel und Unterkapitel werden bis zur Ebene \subsection automatisch durchnumeriert. Beim Dokumentenstil article wird von der Ebene \section bis \subsubsection durchnumeriert. Die Numerierung von Unterkapiteln kann unterdrückt werden. Wenn der jeweilige Gliederungsbefehl mit einem * modifiziert wird, wird lediglich die (Unter-) Kapitelüberschrift ausgegeben.

> \subsection*{Name des Abschnitts} % Ausgabe ohne Kap.-Nr.

Mit dieser Modifikation wird zugleich verhindert, daß die jeweilige Überschrift in das Inhaltsverzeichnis aufgenommen wird (auf das Thema Inhaltsverzeichnisse wird unten eingegangen).

Es kann erwünscht sein, die Numerierung der Überschriften nur bis auf eine bestimmte Ebene fortzuführen. Beim Dokumentenstil book geht die Numerierung über drei Ebenen (bis z.B. 1.1.1). Für diese Voreinstellung existiert ein Zähler mit der Bezeichnung secnumdepth. Bei den Layouts book und report steht dieser Zähler auf 2 beim Layout article auf 3 — 2 steht für die Ebene \subsection, 3 für die Ebene \subsubsection. Um z.B. eine weitergehende Numerierung zu erreichen, muß der Zählerstand verändert werden. Auf Seite 39 wurde bereits der \setcounter-Befehl vorgestellt, mit dem Zählerstände manipuliert werden können. Im unten abgedruckten Teil einer Präambel wird erreicht, daß beim gewählten Dokumentenstil report bis auf die Ebene \subsubsection hinunter numeriert wird. Hierzu wird secnumdepth auf den Wert 3 gesetzt.

```
\documentstyle[german,11pt]{report}
\setcounter{secnumdepth}{3}
\begin{document}
...
```

Wird hier der Wert 0 angegeben, werden nur Kapitel numeriert, aber keine der niedrigeren Gliederungsebenen.

Wenn Sie ein Dokument aus mehreren Einzeltexten zusammensetzen, ohne die \include- oder \input-Anweisung[1] zu verwenden, kann es notwendig werden, die Anfangsnummer eines Kapitels oder Unterkapitels zu verändern. Dafür muß wieder ein interner Zähler mit \setcounter verändert werden. Dieser Zähler trägt den Namen der jeweiligen Gliederungsebene. Wenn Sie erreichen wollen, daß das erste Kapitel des Textes (also die Gliederungsebene \chapter) nicht die Nummer 1 sondern die Nummer 4 trägt, fügen Sie folgende Anweisung in die Präambel ein:

> \setcounter{chapter}{3}

Damit wird der interne Zähler chapter auf den Stand 3 gesetzt. Der erste Aufruf von \chapter führt dann dazu, daß der Wert des Zählers chapter hochgezählt wird. LaTeX gibt daher die Kapitelnummer 4 aus.

---

[1] Diese Befehle werden in Kapitel 16 besprochen

7.3 Der Anhang

Mit dem \appendix-Kommando teilen Sie LaTeX mit, daß der folgende Text nicht mehr zu dem eigentlichen Gliederungssystem, sondern zum Anhang gehört. Der einzige Unterschied zur übrigen Gliederung ist, daß die (Unter-) Kapitel des Anhangs, deren Überschriften Sie wie die anderen (Unter-) Kapitel mit \chapter, \section usw. kenntlich machen, nun nach folgenden Muster duchnumeriert werden:

> Anhang A
> A.1
> A.1.1
> ...
> Anhang B
> B.1
> ...

7.4 Inhaltsverzeichnisse

Die Kapitelüberschriften können von LaTeX in ein Inhaltsverzeichnis übernommen werden. Um das Inhaltsverzeichnis ausgeben zu lassen, ist der \tableofcontents-Befehl im Textteil zu plazieren.

```
\documentstyle[german,11pt]{report}
\begin{document}         % Ende der Praeambel
\tableofcontents         % gebe Inhaltsverzeichnis aus
\chapter{...
...
```

Wenn Sie das Dokument von TeX aufbereiten und dann drucken lassen, erhalten Sie zuerst eine Seite, auf der sehr groß „Inhaltsverzeichnis" steht — und sonst nichts. Das liegt daran, daß TeX den Text zweimal „lesen" muß, um derartige Verzeichnisse anlegen zu können. Wenn ein Text gelesen wird, dem ein Inhaltsverzeichnis vorangestellt werden soll, wird eine Hilfsdatei mit der Extension .toc angelegt. In dieser Datei wird für jede (Unter-) Kapitelüberschrift die dazugehörige Seitenzahl vermerkt. Erst beim zweiten Lesen der Textdatei kann LaTeX dann diese Hilfsdatei interpretieren und daraus ein vollständiges Inhaltsverzeichnis erstellen. Beachten Sie das auch beim endgültigen Ausdruck Ihres Textes: um nach Veränderungen und größeren Korrekturen ein *aktuelles* Inhaltsverzeichnis zu erhalten, muß TeX die Textdatei *zwei*mal lesen. Wie das Inhaltsverzeichnis gesetzt wird, sehen Sie am Anfang des Buches.

Der Befehl \tableofcontents bewirkt den Ausdruck des Inhaltsverzeichnisses auch dann, wenn er nicht direkt am Textbeginn auftaucht. Das kann man sich zunutze machen, wenn man das Verzeichnis z.B. einem Vorwort folgen lassen möchte. Der Eingabetext sieht dann, schematisch dargestellt, wie folgt aus:

```
                        % Praeambel
\begin{document}
                        % Vorwort
\tableofcontents        % Inhaltsverzeichnis
                        % Text
```

Wenn das Inhaltsverzeichnis mit einer Seitennumerierung zu versehen ist, deren Format von dem des übrigen Textes abweicht (wie manche Verlage das fordern), benutzen Sie den \pagenumbering-Befehl (vgl. Seite 39). Es folgt ein Beispiel, bei dem das Inhaltsverzeichnis mit kleinen, römischen und die übrigen Seiten mit arabischen Seitenzahlen ausgegeben werden.

```
\documentstyle[german,11pt]{report}   % Praeambel
\begin{document}                      % Textanfang
\pagenumbering{roman}                 % kleine roemische Zahlen fuer
\tableofcontents                      % das Inhaltsverzeichnis
\chapter{Einleitung}                  % Beginn erstes Kapitel
\pagenumbering{arabic}                % ab hier arabische Zahlen
...                                   % verwenden
```

Wieviele Gliederungsebenen im Inhaltsverzeichnis auftauchen sollen, legen Sie wiederum mit dem \setcounter-Befehl fest. Die LaTeX-Variable, die Sie zu verändern haben, heißt tocdepth. Hier gilt das weiter oben zum Zähler secnumdepth gesagte. Es folgt eine Tabelle mit den Gliederungsebenen und den dazugehörigen Werten für secnumdepth und tocdepth.

Ebene	Zähler	
	secnumdepth	tocdepth
\section	1	1
\subsection	2	2
\subsubsection	3	3

Um beispielsweise beim Dokumentenstil report bis auf die Ebene \subsubsection hinunter zählen zu lassen und Überschriften auch bis hinunter zu dieser Ebene ins Inhaltsverzeichnis aufnehmen zu lassen, sind die beiden folgenden Anweisungen in die Präambel aufzunehmen:

```
\setcounter{secnumdepth}{3}   % bis Ebene subsubsection zaehlen
\setcounter{tocdepth}{3}      % Ueberschriften bis Ebene subsubsection
                              % ins Inhaltsverzeichnis aufnehmen
```

Kapitel 8

Seitenverweise

> *In diesem Kapitel geht es um verschiedene Formen von Seitenverweisen: um Querverweise, Stichwortverzeichnisse und Glossare. Querverweise sind Verweise auf andere Textstellen (z.B. „siehe S.13"). Verweise auf andere Strukturen (wie Grafiken oder Formeln) werden in späteren Kapiteln vorgeführt. Stichwortverzeichnisse sind sortierte Schlüsselwortverzeichnisse mit Seitenverweisen. Ein Glossar ist ein sortiertes Verzeichnis von Schlüsselbegriffen des Textes mit kurzen Erklärungen und Seitenverweisen.*

8.1 Querverweise

Querverweise bestehen aus zwei Komponenten, der Markierung einer Textstelle und dem Verweis auf diese Stelle. Zum Markieren benutzen Sie den \label-Befehl. Als Parameter wird ein von Ihnen gewählter Name der Textmarke übergeben. Betrachten Sie hierzu das Beispiel.

```
...
Der {\tt input}-Befehl\label{inputBefehl} bewirkt,
da"s \LaTeX\ den Inhalt der Datei mit dem als Parameter "ubergebenen
Namen an dieser Stelle in den Text einf"ugt. \LaTeX\ f"ugt dem
Dateinamen selbst"andig die Extension {\tt .tex} hinzu.
...
```

Beachten Sie, daß LaTeX auch bei der Verarbeitung dieser Textmarken (sog. *labels*) zwischen Groß- und Kleinschreibung unterscheidet.

8.1.1 Verweise auf Seitenzahlen

Um sich an anderer Stelle auf diese Textmarke beziehen zu können, benutzen Sie das \pageref-Kommando, dem der Name der Marke übergeben wird. LaTeX wird dann an dieser Stelle die korrekte Seitenzahl eintragen. Beim folgenden Eingabetext wird LaTeX eine Ausgabe von „...(der auf Seite 97 erläutert wird)..." produzieren.

```
...
Um die Textpassage einzuf"ugen benutzen Sie entweder den {\tt
input}-Befehl (der auf Seite \pageref{inputBefehl} erl"autert
wird) oder Sie...
...
```

LaTeX legt, um solche Verweise korrekt verwalten zu können, eine Hilfsdatei mit der Endung .aux an. Um diese Datei nutzen zu können, muß der Text zunächst zweimal von TeX aufbereitet werden. Vergewissern Sie sich vor dem endgültigen Ausdruck, daß die Hilfsdatei nach etwaigen Textänderungen auf dem aktuellen Stand ist, indem Sie die Textdatei wiederum *zweimal* übersetzen lassen. Wenn ein Bezug nicht aufgelöst werden kann, erscheint im Text statt einer Seitenzahl oder Kapitelnummer ein „[?]".

8.1.2 Verweise auf Kapitelnummern

Sie können außer auf Seitenzahlen auch auf Kapitelnummern, Tabellen, Bilder, Formeln, Aufzählungen etc. verweisen. Die Textmarke muß dann innerhalb des jeweiligen Bereiches stehen. Um auf die entsprechende Stelle verweisen zu können, benutzen Sie den \ref-Befehl. Einzelheiten hierzu kommen zur Sprache, wenn es um Tabellen usw. geht. Hier soll nur gezeigt werden, wie man auf (Unter-) Kapitel verweisen kann.

Der \ref-Befehl stellt einen Bezug zu einem Zählerstand an der Position einer bestimmten Textmarke her. Das folgende Beispiel soll das veranschaulichen:

```
...
\section{Programmbeschreibung}        % Kapitel 1.1
\label{PrgBeschreibung}               % Die Textmarke
Dieses Programm ...
 .
 .
 .
\section{Installation}                % ein spaeteres Kapitel
Die Installation der Software...
... siehe hierzu die in Kapitel \ref{PrgBeschreibung}
aufgef"uhrten Systemvoraussetzungen.
...
```

Im ausgedruckten Text finden Sie dann einen Verweis auf die Kapitelnummer: „...siehe hierzu die in Kapitel 1.1 aufgeführten ..."

8.1.3 Verweise auf Thesen

Um sich im Text auf Thesen (siehe Seite 30) beziehen zu können, fügen Sie eine Textmarke in den Thesenbereich ein. Es folgt ein Beispiel, das in der vorletzten Zeile zeigt, wie der Bezug im Text herzustellen ist.

```
\newtheorem{th}{These}       % Definition des Bereiches
...
\begin{th}[A.E.Neumann]      % eine These
\label{Neumann}              % Textmarke
  Thesen m"ussen unbedingt auffallen.
\end{these}
...
Wie in These \ref{Neumann} auf Seite \pageref{Neumann}
formuliert ...
```

8.2 Stichwortverzeichnisse

Bei allem Komfort, den LaTeX sonst bietet: die Erstellung eines Stichwortverzeichnisses ist — zumindest bei größeren Texten — eine mittlere Tortur.[1] Folgende Arbeitsschritte sind notwendig, bis man einen Index drucken kann:

▷ Die künftigen Verzeichniseinträge sind LaTeX mit dem \index-Befehl kenntlich zu machen.

▷ Mit dem Befehl \makeindex wird eine Verzeichnisdatei erzeugt. Diese Datei enthält die Indexeinträge und deren Seitenzahl.

▷ Das Verzeichnis wird für die spätere Eingliederung in das Dokument aufbereitet und sortiert.

▷ Die Datei wird in das Dokument eingegliedert.

Hier nun die Schritte im einzelnen:

Einträge markieren

Um ein Stichwortverzeichnis erstellen zu können, muß LaTeX zunächst einmal wissen, *was* das Verzeichnis enthalten soll. Diese Hinweise geben Sie mit dem \index-Befehl. Diesem Befehl wird als Parameter das Schlüsselwort übergeben. Das Schlüsselwort kann das vorangehende Wort sein, auf das sich der Eintrag bezieht, oder (ein) beliebige(s) andere(s). Beachten Sie, daß der Eintrag in den geschweiften Klammern keine geöffnete geschweifte Klammer ohne schließendes Pendant enthalten darf. Betrachten Sie dazu den folgenden Textausschnitt:

```
...
Um ein Stichwortverzeichnis\index{Stichwortverzeichnis}\index{Index}
erstellen zu k"onnen, mu"s \LaTeX\ zun"achst einmal wissen,
{\em was} es enthalten soll. Diese Hinweise geben Sie mit dem
...
```

Im obigen Beispiel wurden einem Wort („Stichwortverzeichnis") zwei Indexeinträge zugeordnet („Stichwortverzeichnis" und „Index").

---
[1]Diese kann man sich ersparen, wenn man einen der in der *Public Domain* verfügbaren Stichwortprozessoren benutzt.

Die Stichwortdatei erzeugen lassen

Wenn Sie den Befehl \makeindex in die Präambel aufnehmen, erzeugt LaTeX beim nächsten Übersetzen des Textes eine Datei mit dem gleichen Namen und der Endung .idx. Diese Datei enthält die einzelnen Stichwörter (in der Reihenfolge, in der sie im Text vorgefunden wurden) und die dazugehörige Seitenzahl im folgenden Format:

```
...
\indexentry{Stichwortverzeichnis}{101}
\indexentry{Index}{101}
\indexentry{Stichwortdatei}{101}
\indexentry{Stichwortdatei "uberarbeiten}{102}
...
```

Beachten Sie, daß der Befehl \makeindex LaTeX veranlaßt, die Indexdatei *neu* anzulegen. Dadurch kann die im folgenden beschriebene Arbeit wieder zunichte gemacht werden. Deaktivieren Sie deshalb \makeindex mit einem Kommentarzeichen %, sobald die Verzeichnisdatei erzeugt wurde. Da das Anlegen von Stichwortverzeichnissen recht arbeitsintensiv ist, sollte man das Verzeichnis außerdem erst für die endgültige Version des Textes erstellen.

Aufbereitung der Stichwortliste

Die .idx-Datei kann von LaTeX leider nicht weiterverarbeitet werden. Die Stichwortliste muß — damit LaTeX sie später setzen kann — in einem speziellen Format vorliegen, das Einträge und Untereinträge kenntlich macht. Außerdem müssen die geschweiften Klammern entfernt werden.

Nach Entfernen des Wortes \indexentry wird den Einträgen der obersten Ebene das Befehlswort \item vorangestellt. Untereinträgen wird das Kommando \subitem vorangestellt und Unter-Untereinträgen schließlich das Kommando \subsubitem. Da LaTeX nicht wissen kann, auf welcher Ebene ein *item* anzusiedeln ist, müssen Sie diese Markierung manuell vornehmen. Beim obigen Beispiel sähe die Umwandlung so aus:

```
...
\item Index 101
\item Stichwortverzeichnis 101
\item Stichwortdatei 101
\subitem "uberarbeiten 102
...
```

Beim Untereintrag „Stichwortdatei überarbeiten" wurde das Wort „Stichwortdatei" entfernt, weil eine Wiederholung des eigentlichen Stichworts hier unüblich wäre.

Wenn beim späteren Ausdruck dort ein etwas größerer vertikaler Zwischenraum eingeschoben werden soll, wo der Anfangsbuchstabe wechselt, setzen Sie an dieser Stelle den Befehl \indexspace ein. Leerzeilen zwischen den Einträgen werden von LaTeX ignoriert.

Anschließend muß die Liste sortiert werden.

Die Datei in den Text eingliedern

Die umformatierte Stichwortliste kann von LaTeX nun verarbeitet werden. Dafür wird sie in einem besonderen Bereich `theindex` plaziert. Um die Liste in den Text einzufügen, benutzen Sie entweder den in Kapitel 16 besprochenen \input-Befehl

```
...
\begin{theindex}   % Anfang Formatierungsbereich
\input{tindex}     % Stichwortdatei tindex.tex einfuegen
\end{theindex}     % Ende Formatierungsbereich
...
```

oder Sie kopieren Ihren Inhalt (mit entsprechenden Editor-Befehlen) direkt in die Textdatei. Beim obigen Beispiel wurde die Datei in `tindex.tex` umbenannt.

Das Verzeichnis wird zweispaltig gedruckt. Ihm wird in der Größe von Kapitelüberschriften das Wort „Index" vorangestellt. Der Ausdruck sieht, schematisch dargestellt, folgendermaßen aus (x steht für die Seitenzahl):

Eintrag x
   UnterEintrag x
      UnterUnterEintrag x
Eintrag x

Empfehlungen

Sie können sich die beschriebene Prozedur sehr vereinfachen, wenn Sie über einen leistungsfähigen Editor verfügen. Ordnen Sie dann zuerst die Einträge der Stichwortliste nach Ebenen. Setzen Sie für Unterebenen von Hand ein „x" vor \indexentry, und zwei „x" wenn es sich um einen Unter-Untereintrag handeln soll. Das ist im allgemeinen nicht schwer, da die Liste die Einträge in der Reihenfolge Ihres Erscheinens im Text enthält und daher meist Einträge und Untereinträge direkt beieinanderliegen. Die Liste sieht dann so aus:

```
...
\indexentry{Index}{101}
\indexentry{Stichwortverzeichnis}{101}
\xindexentry{Stichwortdatei}{101}
\xxindexentry{Stichwortdatei "uberarbeiten}{102}
...
```

Entfernen Sie dann die Zeilenschaltung zwischen Einträgen und Untereinträgen:

```
...
\indexentry{Index}{101}
\indexentry{Sti...}\xindexentry{Sti...}\xsindexentry{Sti...}
...
```

Jetzt können Sie die Datei sortieren lassen. z.B. mit dem MS-DOS-Dienstprogramm sort, das folgendermaßen aufzurufen ist:

```
sort<alt.tex>neu.tex
```

Die Datei alt.tex enthält die unsortierte, neu.tex die sortierte Liste.

Fügen Sie dann die Zeilenschaltungen wieder ein und entfernen Sie unnötige Wörter (Wiederholungen vor Untereinträgen etc.). Fassen Sie redundante Einträge zusammen, indem Sie die Seitenzahlen durch Kommata trennen. Benutzen Sie abschließend die „Suchen und Ersetzen„-Funktion Ihres Editors und lassen Sie \xxindexentry gegen \subsubitem \xindexentry gegen \subitem ersetzen usw. Lassen Sie dann die geschweiften Klammern durch Leerzeichen ersetzen.

idx.tex

Zu LaTeX gehört eine Datei idx.tex, mit deren Hilfe Indexeinträge nach Seitenzahlen geordnet ausgegeben werden können. Übergeben Sie LaTeX diese Datei mit dem Aufruf

```
latex idx
```

Das Programm fordert Sie dann auf, den Namen Ihrer Indexdatei einzugeben. Dann wird ein .dvi-File erzeugt, das Sie mit dem Druckertreiber ausdrucken können.

8.3 Glossare

Eine Liste mit Einträgen für ein Glossar wird praktisch genauso erzeugt wie ein Stichwortverzeichnis. Die Einträge werden mit dem Befehlswort \glossary kenntlich gemacht. Die Liste wird in einer Datei mit dem gleichem Namen wie die Textdatei und der Endung .glo abgelegt, sobald das Kommando \makeglossary in die Präambel aufgenommen wird. Die Datei enthält die Einträge im folgenden Format:

```
...
\glossaryentry{Glossar}{104}
\glossaryentry{Index}{101}
...
```

Eine Formatierungshilfe wie den theindex-Bereich gibt es für das Glossar nicht.

Kapitel 9

Kopf- und Fußzeilen

> *In diesem Kapitel wird gezeigt, wie sich Kopf- und Fußzeilen definieren und gestalten lassen.*

Wenn Sie den Dokumentenstil **article** oder **report** verwenden, setzt LaTeX von sich aus die Seitenzahl zentriert in die Fußzeile und verzichtet auf eine Kopfzeile. Beim Dokumentenstil **book** wird die Seitenzahl rechts- bzw. linksbündig in die Kopfzeile gesetzt, die Fußzeile bleibt (außer am Kapitelanfang) leer.

Wenn Sie an dieser Voreinstellung etwas ändern möchten, müssen Sie den \pagestyle-Befehl benutzen. Dieser Befehl wird in der Präambel plaziert; ihm muß einer der Parameter **plain, empty, headings** oder **myheadings** übergeben werden. Auf die Bedeutung der Parameter wird im folgenden eingegangen.

Um die Ausgabe von Kopf- oder Fußzeilen völlig zu unterbinden, übergeben Sie \pagestyle den Parameter **empty**. Das Dokument mit der folgenden Präambel wird ohne Seitenzahlen ausgedruckt.

```
\documentstyle[german]{report}
\pagestyle{empty}
\begin{document}
...
```

Die Voreinstellung für die Dokumentenstile **article** und **report** ist \pagestyle{plain}. Voreinstellung bedeutet, daß Sie diesen Befehl nicht explizit zu geben brauchen. Wenn Sie auch im Dokumentenstil **book** die Seitenzahl zentriert in der Fußzeile stehen haben möchten, müssen Sie das Kommando \pagestyle{plain} in die Präambel einfügen.

9.1 Kopfzeilen

Kopfzeilen können frei definiert oder aber von LaTeX automatisch erzeugt werden. Lesen Sie hier zunächst, wie man Kopfzeilen automatisch drucken läßt.

Kopfzeilen sollen dem Leser die Bewegung im Text erleichtern. Deshalb ist es üblich, dort die jeweilige Kapitel- bzw. Unterkapitelüberschrift mitführen zu lassen. Fachleute bezeichnen das als „lebende Kolumnentitel". Diese richten Sie mit dem Befehl \pagestyle{headings} ein.

Der Inhalt der Kopfzeilen hängt davon ab, ob Sie ein- oder doppelseitig drucken, und welchen Dokumentenstil Sie verwenden.

▷ Wenn Sie **doppelseitig** drucken:

- Wenn Sie mit dem Dokumentenstil book oder report arbeiten, setzt LaTeX auf die (linken) Seiten mit den geraden Seitenzahlen den Namen des aktuellen Kapitels, den Sie mit dem letzten \chapter-Befehl festgelegt haben. Auf die (rechten) Seiten mit den ungeraden Seitenzahlen wird der Name des aktuellen Unterkapitels gesetzt, den Sie mit dem letzten \section festgelegt haben.

- Wenn Sie mit dem Dokumentenstil article arbeiten, wird auf den geraden Seiten die Kapitelüberschrift gedruckt, die Sie mit dem letzten \section-Befehl festgelegt haben. Auf den rechten, ungeraden Seiten steht dann der Name des Unterkapitels, den Sie mit dem letzten \subsection-Befehl festgelegt haben.

▷ Wenn Sie **einseitig** drucken:

- Wenn Sie mit dem Dokumentenstil report arbeiten, setzt LaTeX hier die Kapitelüberschrift ein, die Sie mit dem letzten \chapter-Befehl vergeben haben.

- Wenn Sie mit dem Dokumentenstil article arbeiten, setzt LaTeX hier die Kapitelüberschrift ein, die Sie mit dem letzten \section-Befehl vereinbart haben.

Es folgen zwei Beispiele.

```
\documentstyle[german]{report}
\pagestyle{headings}
\begin{document}
  \chapter{Programmdokumentation}
  ...
```

Diese Präambel sorgt für die Ausgabe der folgenden Kopfzeile

KAPITEL 1. PROGRAMMDOKUMENTATION   2

```
\documentstyle[german]{book}
\pagestyle{headings}
\begin{document}
  \chapter{Keksproduktion in Europa}
  \section{Luxemburg}
  ...
```

Diese Anweisungen bewirken die Ausgabe der folgende Kopfzeilen auf den geraden Seiten

2 *KAPITEL 1. KEKSPRODUKTION IN EUROPA*

und diese auf den ungeraden

1.1. LUXEMBURG 3

Wie Sie sehen, wird die Kapitelüberschrift in Großbuchstaben umgewandelt. Der Kopfzeileninhalt wird in der Schriftart *slanted* ausgedruckt. Wenn auf einer Seite zwei Kapitelüberschriften auftauchen, wird auf dieser Seite die erste der beiden Überschriften für die Kopfzeile verwendet. Sonst wird stets die letzte Überschrift übernommen. Die erste Seite eines Textes wird ohne Kopfzeile ausgedruckt.[1]

9.2 Selbstdefinierte Kopfzeilen

Wenn Sie in die Präambel das Kommando \pagestyle{myheadings} aufnehmen, können Sie die Kopfzeilen selbst definieren und gestalten. Um LaTeX den Inhalt der Kopfzeilen zu übermitteln, benutzen Sie den Befehl \markright, wenn Sie einseitig drucken und \markboth, wenn Sie zweiseitig drucken. Beiden Befehlen wird als Parameter der Text und ggf. die Formatierung der Kopfzeile übergeben.

Einseitiger Druck

Hier zunächst ein Ausschnitt aus einem Eingabetext, der *einseitig* ausgedruckt werden soll. LaTeX setzt beim einseitigen Druck alle Seiten als „rechte" Seiten, deswegen wird in diesem Fall die Kopfzeile mit \markright definiert.

```
\documentstyle[german]{article}
\pagestyle{myheadings}            % selbstdef. Kopfzeilen drucken
\markright{Programmdokumentation} % Definition
\begin{document}
  \section{Einleitung}            % dies wirkt sich nicht auf die
                                  % Kopfzeile aus
  ...
```

Die Kopfzeilen auf allen Seiten sehen (bis auf die Seitenzahl) wie die folgende aus.

Programmdokumentation 2

Beachten Sie, daß der Inhalt der selbstdefinierten Kopfzeile nicht in Großbuchstaben umgewandelt wird. Die Kapitelüberschrift „Einleitung" hat keinen Einfluß auf die Kopfzeile. Die Seitenzahl wird automatisch eingefügt und läßt sich nicht unterdrücken. Die Schriftart der Kopfzeile kann frei gewählt werden:

---

[1] Die Kopfzeilen dieses Buches wurden mit einem speziellen Makro gesetzt, um sie dem Erscheinungsbild anderer Vieweg-Bücher anzupassen.

```
\documentstyle[german]{article}
\pagestyle{myheadings}
\markright{\sl Programmdokumentation}
\begin{document}
  \section{Einleitung}
  ...
```

Sie können den Inhalt der Kopfzeile auch im Text verändern. Der folgende Quelltextauszug zeigt einen Text, der auf den ersten Seiten die Kopfzeile „Programmdokumentation" und später „Referenz" trägt.

```
\documentstyle[german]{article}
\pagestyle{myheadings}
\markright{\sl Programmdokumentation}
\begin{document}
  \section{Einleitung}
  Dieses Programm konvertiert...
  ...
  \newpage
  \markright{\sl Referenz}
  ...
```

Wenn auf einer Seite mehrere \markboth-Befehle auftauchen, übernimmt LaTeX den ersten in die Kopfzeile, sonst den jeweils letzten.

Doppelseitiger Druck

Wenn Sie doppelseitig drucken wollen, müssen Sie unterschiedliche Kopfzeileninhalte eingeben. Beim Ausdruck stehen auf geraden Seiten die Seitenzahlen links, der Inhalt der Kopfzeile rechts (zur Heftung hin). Bei ungeraden Seiten steht die Seitenzahl außen rechts, der Inhalt links. An markboth wird, jeweils in geschweiften Klammern, der Inhalt der Kopfzeilen von geraden und ungeraden Seiten übergeben. Die Befehlssyntax lautet hier:

```
\markboth{GeradeSeiten}{UngeradeSeiten}
```

Im folgenden Beispiel wird für die geraden Seiten der Programmname und für ungerade Seiten „Programmdokumentation" als Kopfzeileninhalt definiert. Nach einigen Seiten wird für die rechten Seiten „Referenz" als Kopfzeile festgelegt.

```
\documentstyle[german]{book}
\pagestyle{myheadings}
\markboth{SPELL\TeX}{Programmdokumentation}
\begin{document}
  \section{Einleitung}
  SPELL\TeX ist eine Rechtschreibpr"ufung f"ur \Tex und \LaTeX
  Texte. ...
  ...
  \newpage
  \markboth{SPELL\TeX}{Referenz}
```

Kopf- und Fußzeilendefinitionen für einzelne Seiten

Wenn Sie für einzelne Seiten eine besondere Kopf- und Fußzeilengestaltung wünschen, benutzen Sie den \thispagestyle Befehl. Als Argument wird ein Seitenstil übergeben. Sinnvoll ist der Einsatz von \thispagestyle, wenn man für eine einzelne Seite die Kopf- und Fußzeilen unterdrücken möchte, weil man z.B. nachträglich ein großformatiges Foto einkleben oder die komplette Seite gegen eine Zeichnung austauschen möchte. Erreicht wird das mit dem Befehl \thispagestyle{empty}. Um eine solche, vollkommen leere Seite zu erhalten, gibt man die folgende Befehlssequenz ein:

```
\newpage
\thispagestyle{empty}
\hspace{1cm}
\newpage
```

Der Befehl \hspace{1cm} fungiert hier als „Dummy". Ohne diese Pseudoausgabe auf der neuen leeren Seite führt der zweite Aufruf von \newpage nicht zu einem neuen Umbruch. Übrigens zählt LaTeX die Seitenzahlen korrekt weiter.

9.3 Positionierung von Kopf- und Fußzeilen

Man sollte die voreingestellte vertikale Position der Kopf- und Fußzeilen normalerweise nicht verändern, denn LaTeX gibt hier optimale Abstände vor. Wenn es doch notwendig werden sollte, diese Werte zu verändern, kann mit dem Befehl \headsep der Abstand zwischen der Kopfzeile und dem Textbereich verändert werden. Der Wert wird direkt an den Befehl angehängt (z.B. \headsep0.2cm). Die Position der Fußzeile können Sie mit \footskip festlegen. Der übergebene Wert (z.B. \footskip0.5cm) definiert den Abstand zwischen Fußzeile und eigentlichem Textbereich.

Kapitel 10

Fußnoten

> *In diesem Kapitel wird die sehr komfortable Fußnotenverwaltung vorgestellt, die LaTeX bietet.*

Mit dem \footnote-Befehl markieren Sie den Text in den nachfolgenden geschweiften Klammern als Fußnote.[1] Der Befehl folgt, wie im nächsten Beispiel zu sehen ist, direkt dem Wort, dem die Fußnote zugeordnet ist.

```
... markieren Sie den Text in den geschweiften Klammern
als Fu"snote.\footnote{So sieht eine Fu"snote aus} Der
Befehl folgt...
```

Die Numerierung, Formatierung und die Plazierung der Fußnote am Ende der Seite übernimmt LaTeX. Die Fußnoten werden stets unterhalb einer kurzen Linie gedruckt. Die Ausgabe dieser Linie können Sie mit dem Befehl

```
\renewcommand{\footnoterule}{\rule{0cm}{0cm}}
```

unterdrücken. Dieser ist in die Präambel einzufügen.

Die Fußnotennummern bzw. -zeichen werden hochgestellt ausgegeben. Der interne Zähler footnote wird mit jedem neuen Kapitel (*chapter*) zurückgesetzt, so daß die erste Fußnote eines Kapitels immer die Nummer 1 trägt. Wenn Sie wünschen, daß der Zähler auch beim Beginn eines neuen Unterkapitels (*section*) zurückgesetzt wird, müssen Sie diesen mit dem \setcounter-Befehl[2] manipulieren. Der schematische Beispieltext zeigt, wie vorzugehen ist.

```
\chapter{Kapitel1}
\section{Unterkapitel1}
...\footnote{...} ...        % diese Fussnote traegt die Nummer 1
...
```

---

[1] So sieht eine Fußnote aus
[2] vgl. Seite 39

```
...\footnote{...} ...        % und diese die Nummer 2
\newpage                     % hier beginnt eine neue Seite
\setcounter{footnote}{0}     % der Zaehler wird zurueckgesetzt
\section{Unterkapitel2}      % ein neues Unterkapitel
...\footnote{...} ...        % diese Fussnote traegt wieder
...                          % die Nummer 1
```

Wenn Ihnen die arabische Numerierung nicht zusagt, können Sie auf römische Zahlen, Buchstaben oder eine Gruppe von Symbolen umschalten. Um zu einem anderen Zahlensystem zu wechseln, verwenden Sie das Kommando \renewcommand. Die LaTeX-Variable, die Sie damit überschreiben müssen, heißt \thefootnote. Der nächste Ausschnitt aus einem Eingabetext zeigt, wie das Kommando in die Präambel aufzunehmen ist.

```
\documentstyle[german,11pt]{report}
\renewcommand{\thefootnote}{\roman{footnote}}
\begin{document}
...
```

Hiermit wird erreicht, daß die Ausgabe des Fußnotenzählers mit kleinen römischen Zahlen (z.B. vii) erfolgt. Mit \Roman erhalten Sie große römische Zahlen (z.B. VII). Mit der Eingabe von \alph erhalten Sie Kleinbuchstaben (z.B. g) und mit \Alph Großbuchstaben (z.B. G). Mit der Formatierungsanweisung \fnsymbol können Sie die Fußnoten mit einem von neun Symbolen kennzeichnen lassen. Diese Option ist nur sinnvoll, wenn es sich entweder um kurze Schriftstücke handelt oder um Texte, die nur selten Fußnoten aufweisen. Im Text oder in der Präambel muß dann folgende Befehlssequenz erscheinen:

```
\renewcommand{\thefootnote}{\fnsymbol{footnote}}
```

Von den Symbolen * † ‡ § ¶ ‖ ** †† ‡‡ sind in unserem Sprachraum nur die Sternchen gebräuchlich. Um diese zu verwenden, wird an den \footnote-Befehl als optionaler Parameter der Nummerncode des Symbols übergeben. Um also eine Fußnote mit einem Sternchen als Fußnotenzeichen ausgeben zu lassen, ist sie folgendermaßen einzugeben:

```
\footnote[1]{Das ist der Fu"snotentext}
```

Der Nummerncode für das einzelne Sternchen ist die 1, für zwei Sternchen ist eine 7 einzugeben.

---

*Das ist Symbol mit dem Nummerncode 1
†Das ist Symbol mit dem Nummerncode 2
‡Das ist Symbol mit dem Nummerncode 3
§Das ist Symbol mit dem Nummerncode 4
¶Das ist Symbol mit dem Nummerncode 5
‖Das ist Symbol mit dem Nummerncode 6
**Das ist Symbol mit dem Nummerncode 7
††Das ist Symbol mit dem Nummerncode 8
‡‡Das ist Symbol mit dem Nummerncode 9

Kapitel 11

Listen und Verzeichnisse

> *Dieses Kapitel zeigt Ihnen, wie Sie mit LaTeX übersichtliche und leicht lesbare Listen und Verzeichnisse setzen lassen können. Außerdem wird demonstriert, wie Sie eigene Listen-Layouts entwerfen können.*

11.1 Listen

Für Listen wird der Bereich `itemize` zur Verfügung gestellt. Innerhalb einer Liste wird jedes Element mit dem Kommando `\item` eingeleitet. Den einzelnen Elementen der Liste stellt LaTeX einen Punkt voran und rückt sie ein. Hier ein simples Beispiel.

- Das ist das erste Element dieser Liste
- Das ist das zweite Element dieser Liste

Hierfür wurde der folgende Text eingegeben.

```
\begin{itemize}
  \item Das ist das erste Element dieser Liste
  \item Das ist das zweite Element dieser Liste
\end{itemize}
```

Wenn Ihnen die Punkte nicht gefallen, können Sie dem `\item`-Kommando als optionalen Parameter das gewünschte Zeichen übergeben. Es folgt ein Beispiel. Auf der rechten Seite ist der Eingabetext abgedruckt.

* Das ist ein Listenelement

```
\begin{itemize}
  \item[*] Das ist ...
\end{itemize}
```

Die Textelemente können länger als eine Zeile oder ein Absatz sein. Außerdem können sie ihrerseits Listen enthalten. So lassen sich Listen bis zu vier Ebenen tief schachteln. Hier ein Beispiel für eine solche Schachtelung.

- Zeichenformatierung. Diese umfaßt die Wahl der
  - Schriftart
  - Schriftgröße
- Absatzformatierung. Diese bestimmt die
  - Bündigkeit der Absätze, also
    * Linksbündigkeit
    * Rechtsbündigkeit
    * Zentrierung
    * Blocksatz
  - Absatzabstände
  - Einzüge
- Seitenformatierung
- Dokumentenformatierung

Es folgt der Eingabetext.

```
\begin{itemize}
   \item Zeichenformatierung. Diese umfa"st die Wahl der
      \begin{itemize}
         \item Schriftart
         \item Schriftgr"o"se
      \end{itemize}
   \item Absatzformatierung. Diese bestimmt die
      \begin{itemize}
         \item B"undigkeit der Abs"atze, also
         \begin{itemize}
            \item Linksb"undigkeit
            \item Rechtsb"undigkeit
            \item Zentrierung
            \item Blocksatz
         \end{itemize}
         \item Absatzabst"ande
         \item Einz"uge
      \end{itemize}
   \item Seitenformatierung
   \item Dokumentenformatierung
\end{itemize}
```

Die Einrückungen im Quelltext sind für LaTeX bedeutungslos. Sie dienen lediglich der Hervorhebung der Schachtelungsebenen. Sie sollten in Ihren Texten ebenso vorgehen, um Fehler bei der Zuordnung und beim „Abschließen" von (Unter-) Bereichen zu vermeiden. Außerdem bleibt der Eingabetext so auch am Bildschirm lesbar.

11.2 Numerierte Listen

Der Bereich, in dem die Elemente numerierter Listen zu plazieren sind, heißt **enumerate**. Auch hier wird jedes Element mit \item kenntlich gemacht. Das nächste Beispiel zeigt eine Schachtelung von **enumerate**-Bereichen. Sie erkennen daran auch, wie LaTeX die Numerierung auf den unterschiedlichen Ebenen vornimmt.

1. Das ist der erste Punkt
    (a) Das ist der erste Unterpunkt
        i. Das ist der erste Unter-Unterpunkt
        ii. Das ist der zweite Unter-Unterpunkt
    (b) Das ist der zweite Unterpunkt
2. Das ist der zweite Punkt

Hier der Eingabetext.

```
\begin{enumerate}
   \item Das ist der erste Punkt
       \begin{enumerate}
          \item Das ist der erste Unterpunkt
              \begin{enumerate}
                 \item Das ist der erste Unter-Unterpunkt
                 \item Das ist der zweite Unter-Unterpunkt
              \end{enumerate}
          \item Das ist der zweite Unterpunkt
       \end{enumerate}
   \item Das ist der zweite Punkt
\end{enumerate}
```

Listen und numerierte Listen sind in Schachtelungen kombinierbar.

Verweise auf Listenelemente

Sie können sich in Ihrem Text auf die Elemente einer numerierten Liste beziehen.[1] Steht die mit \label deklarierte Textmarke in einem **enumerate**-Bereich, sorgt ein Verweis mit \ref für eine Ausgabe der Nummer des Elementes, in dem die Textmarke steht. Es folgt ein schematisches Beispiel.

```
   ...
   \item Das ist der erste Punkt
   \begin{enumerate}
      \item Das ist der erste Unterpunkt\label{Textmarke}
      ...
   \end{enumerate}
   ...
   Vergleichen Sie hierzu auch Punkt \ref{Textmarke} ...
```

Die unterste Zeile führt zu der Ausgabe von „Vergleichen Sie hierzu auch Punkt 1a".

---

[1] Siehe hierzu auch Seite 57ff.

11.3 Selbstdefinierte Marken

Die Marken[2] bzw. die Art der Numerierung von Listen lassen sich verändern. Dafür sind die LaTeX-Platzhalter aus der folgenden Tabelle mit \renewcommand zu manipulieren.

Bereich	Ebene	Platzhalter
itemize	1	labelitemi
	2	labelitemii
	3	labelitemiii
	4	labelitemiv
enumerate	1	labelenumi
	2	labelenumii
	3	labelenumiii
	4	labelenumiv

Der Inhalt der Platzhalter wird mit \renewcommand verändert. Wenn Sie z.B. wünschen, daß die Elemente einer Liste mit Spiegelstrichen, die Unterelemente auf Ebene zwei mit zwei Spiegelstrichen usw. gekennzeichnet werden, so sind folgende Zeilen in die Präambel einzufügen:

```
\renewcommand{\labelitemi}{-}            % Ebene 1
\renewcommand{\labelitemii}{-\ -}        % Ebene 2
\renewcommand{\labelitemiii}{-\ -\ -}    % Ebene 3
\renewcommand{\labelitemiv}{-\ -\ -\ -}  % Ebene 4
```

Im Text bringt die Eingabe des folgenden Textes das unten abgedruckte Ergebnis.

```
\begin{itemize}
  \item Das ist Element 1
    \begin{itemize}
      \item Das ist Unterelement 1
      \item Das ist Unterelement 2
    \end{itemize}
  \item Das ist Element 2
\end{itemize}
```

- Das ist Element 1
  - - Das ist Unterelement 1
  - - Das ist Unterelement 2
- Das ist Element 2

Angenommen, die Elemente einer numerierten Liste sollen auf allen Ebenen mit arabischen Zahlen numeriert werden. Dann ist folgende Umformatierung der Zähler enumi bis enumiv in der Präambel einzutragen:

---

[2] Als Marke wird das Symbol bezeichnet, das einem Listenpunkt voransteht.

```
\renewcommand{\labelenumi}{\arabic{enumi}}       % Ebene 1
\renewcommand{\labelenumii}{\arabic{enumii}}     % Ebene 2
\renewcommand{\labelenumiii}{\arabic{enumiii}}   % Ebene 3
\renewcommand{\labelenumiv}{\arabic{enumiv}}     % Ebene 4
```

Durch die Anweisung \renewcommand{\labelenumi}{[\arabic{enumi}]} werden die Zahlen auf Ebene 1 in eckige Klammern gesetzt. Die häufig benötigte Numerierung nach dem Muster „1", „1.1" usw. wird mit der folgenden Anweisungssequenz erreicht:

```
\renewcommand{\labelenumi}{\arabic{enumi}}
\renewcommand{\labelenumii}{\arabic{enumi}.\arabic{enumii}}
...
...
```

11.4 Verzeichnisse

Ein Verzeichnis ist eine speziell formatierte Liste, bei der die Schlüsselworte hervorgehoben werden. Verzeichnisse stehen in description-Bereichen. Auch ihre Elemente werden mit \item kenntlich gemacht. Die Schlüsselworte werden in eckige Klammern gesetzt. Hier ein Beispiel.

itemize Ein Bereich zur Formatierung von Listen.

enumerate Ein Bereich zur Formatierung numerierter Listen. Die Numerierung wird von LaTeX vorgenommen.

description Ein Bereich zur Formatierung von Verzeichnissen.

Der Eingabetext sieht folgendermaßen aus:

```
\begin{description}
   \item [itemize] Ein Bereich zur Formatierung von Listen.
   \item [enumerate] Ein Bereich zur Formatierung numerierter Listen.
        Die Numerierung wird von \LaTeX\ vorgenommen.
   \item [description] Ein Bereich zur Formatierung von Verzeichnissen.
\end{description}
```

Die Einträge in den eckigen Klammern können mit Formatierungsangaben versehen werden. Man ist dadurch nicht gezwungen, die Hervorhebungen durch eine fette Schrift zu akzeptieren. Bei der Aufstellung auf Seite 159 wurden die Namenserweiterungen z.B. folgendermaßen eingegeben.

```
\begin{description}
   \item[\tt .aux] In dieser Hilfsdatei werden {\em labels} f"ur
        die Verwaltung von Querverweisen ...
```

11.5 Selbstdefinierte Listen

Wenn die drei angebotenen Standardlisten `itemize`, `enumerate` und `description` Ihren Ansprüchen nicht genügen, können Sie eigene Listen gestalten. Für selbstdefinierte Listen wird ein Bereich `list` bereitgestellt. Zu Beginn dieses Bereiches wird das Layout der neuen Liste definiert. Innerhalb des Bereiches werden die einzelnen Elemente der Liste wie gewohnt mit `\item` kenntlich gemacht.

Die Layout-Definition besteht aus zwei Komponenten. In der ersten wird die gewünschte Marke definiert, in der zweiten ist die Formatierung der Textelemente festzulegen. Die Syntax für den Aufbau einer selbstdefinierten Liste sieht demnach folgendermaßen aus:

```
\begin{list}{Marken-Definition}{Formatierungsanweisung(en)}
    \item ...
    \item ...
\end{list}
```

Ein einfaches Beispiel soll das veranschaulichen. Es wird eine Liste erzeugt, deren Elementen ein □-Symbol[3] voransteht. Die Textelemente sollen um drei Zentimeter eingezogen werden.

> □ Ein Textelement
>
> □ Ein Textelement
>
> □ Ein Textelement

Es folgt der einzugebende Text.

```
\begin{list}{$\Box$}{\leftmargin3cm}
    \item Ein Textelement
    \item Ein Textelement
    \item Ein Textelement
\end{list}
```

Wenn Sie nur eine neue Marke definieren, sonst aber das von LaTeX vorgegebene Layout beibehalten möchten, können Sie das letzte Klammerpaar auch leer lassen. Für ein individuelles Layout stehen Ihnen, neben dem oben verwendeten `\leftmargin`-Kommando, zahlreiche Befehle zur Textformatierung zur Verfügung, die Sie hier einfügen können.

▷ Der Abstand zwischen zwei Elementen wird mit `\itemsep` definiert. Der mit `\parsep` festgelegte Abstand zwischen den Absätzen eines Elementes wirkt auch zwischen den Elementen, so daß sich der tatsächliche Abstand zwischen zwei Elementen aus der Summe beider Werte ergibt.

---

[3]Es handelt sich hierbei um ein mathematisches Symbol. Die Verwendung mathematischer Pfeilsymbole wird in Kapitel 13.5.10 erklärt. Die kleine Box wird als `$\Box$` eingegeben.

▷ Der Abstand zwischen dem vorangehenden Text und dem ersten Listenelement kann durch \topsep beeinflußt werden. Der Abstand wird zunächst durch den Absatzabstand des Dokumentes bestimmt, der evtl. mit \parskip verändert wurde (siehe Seite 31). Mit dem \topsep-Befehl wird daher ein *zusätzlicher* Abstand eingeschoben. Weiterer vertikaler Leerraum vor und nach der Liste wird mit dem \partopsep-Kommando eingefügt — der Befehl wird nur wirksam, wenn am Anfang und Ende der Liste eine Leerzeile liegt.

▷ Die Tiefe der Einrückung des Textes (im Verhältnis zum umgebenden Text) kann mit den Kommandos \leftmargin und \rightmargin bestimmt werden. Achten Sie (besonders bei Schachtelungen) darauf, daß der Wert nicht zu groß gewählt wird, da die Absatzbreite sonst zu gering wird.

▷ Mit dem \listparindent-Befehl wird der Einzug der ersten Textzeile der Absätze eines Listenelementes eingestellt.

▷ Der *zusätzliche* Betrag, um den die Marke und die erste Textzeile eines Elementes eingerückt wird, wird mit \itemindent festgelegt. Als Voreinstellung ist dieser Wert auf Null gesetzt.

▷ Der Abstand zwischen der Marke und dem folgenden Text wird mit \labelsep festgelegt.

▷ Die Breite des Marken-Bereiches definieren Sie mit \labelwidth. Innerhalb dieses Bereiches wird die eigentliche Marke (das kann ein Symbol oder eine Zeichenkette sein) von LaTeX rechtsbündig gesetzt.

Der nächste Quelltext zeigt, wie zusätzliche Befehle zur Gestaltung der oben definierten Liste einzugeben sind.

```
\begin{list}{$\Box$}    % Marke
    {                   % Textformatierung
      \leftmargin2cm    % Einzug links
      \rightmargin1cm   % Einzu rechts
      \itemsep1cm       % Abst. zw. Elementen
    }
...
```

Um den Text anschaulich zu gestalten, wurden die Definitionen auf mehrere Zeilen verteilt. In Ihren Texten müssen Sie das nicht tun. Die Layout-Definition hätte auch wie folgt eingegeben werden können:

```
\begin{list}{$\Box$}{\leftmargin2cm\rightmargin1cm\itemsep1cm}
```

Wenn Sie die Elemente Ihrer selbstdefinierten Liste numerieren lassen möchten, müssen Sie hierfür einen eigenen Zähler definieren. Ein Zähler wird mit der \newcounter-Anweisung erzeugt, der der Name übergeben wird, mit dem der Zähler später angesprochen werden kann. Einen Zähler MyCounter erzeugt man mit der Anweisung \newcounter{MyCounter}, die in der Präambel stehen soll. Damit LaTeX die Listenelemente mit diesem Zähler durchnumerieren kann, muß innerhalb der Formatdefinition der Liste der Befehl \usecounter stehen. An \usecounter wird als Parameter der Name des Zählers übergeben.

Die unten abgedruckte Formatbeschreibung läßt LaTeX eine Liste erzeugen, deren Elemente mit kleinen, linksbündig gesetzten römischen Zahlen numeriert sind. Dafür sind drei Schritte notwendig. Zunächst wird der Zähler MyCounter erzeugt. Dann wird LaTeX in der Beschreibung der Marke mit dem Kommando \roman{MyCounter} angewiesen, den Zähler in Form kleiner römischer Zahlen zu setzen. Die Anweisung \hfill[4] erzwingt eine linksbündige Ausgabe der Zahlen. In der Formatbeschreibung wird LaTeX schließlich mit dem \usecounter-Befehl angewiesen, die Elemente mit dem selbstdefinierten Zähler zu numerieren.

```
...                             % Praeambel
\newcounter{MyCounter}          % Ein Zaehler wird erzeugt
\begin{document}                % Ende d. Praeambel
...
\begin{list}{                   % Definition der Marke
        \roman{MyCounter}\hfill
        }                       % Ende d. Markendefinition
        {                       % Textformatierung
           \leftmargin1cm       % Einzug links
           \rightmargin1cm      % Einzug rechts
           \usecounter{MyCounter} % benutze Zaehler MyCounter
        }                       % Ende der Textformatierung
   \item ...                    % Listenelement
   \item ...                    %   "          "
\end{list}
```

Die Formatierungsanweisungen für Marke und Text können übrigens mit Zeichenformatierungen versehen werden. In der folgenden Definition werden die Zahlen fett und der Text kursiv gedruckt. Außerdem werden die Zahlen mit runden Klammern versehen. Das ist lediglich ein Beispiel, in der Praxis ist es nicht sinnvoll, den Text mit solchen Formatierungen zu überladen.

```
\newcounter{MyCounter}           % in Praeambel !
\begin{list}{\bf(\arabic{MyCounter})\hfill}
      {\usecounter{MyCounter}
        \leftmargin2cm\rightmargin1cm
        \it}
   \item ...
```

Wenn Sie das von Ihnen definierte Listenformat mehrfach im Text verwenden möchten, sollten Sie die Formatbeschreibung als neuen Bereich definieren, um sich das

---

[4] vgl. Seite 18.

11.5. Selbstdefinierte Listen

häufige Kopieren der Formatbeschreibungen zu ersparen. Eine Definition eines neuen Bereiches erfolgt mit dem \newenvironment-Befehl.[5] Für ihn gilt folgende Syntax:

```
\newenvironment{Name}{\beginSequenz}{\endSequenz}
```

Nach der Vergabe des Namens (der in das erste Klammerpaar zu setzen ist) wird die gesamte Formatbeschreibung, die bisher mit \begin eingeleitet wurde, in das zweite Klammerpaar eingefügt. Diesem folgt, ebenfalls in geschweiften Klammern, die Anweisung, mit der bisher die Liste abgeschlossen wurde. Hier zunächst ein einfaches Beispiel. Es wird eine Liste definiert und als neuer Bereich deklariert, deren Elemente mit einem ▷ als Marke versehen werden.[6] Die Liste wird links um einen Zentimeter eingerückt.

```
                    |<--------------Beginn-------------->|
\newenvironment{TestList}{\begin{list}{$\rhd$}{\leftmargin1cm}}{\end{list}}
       |<-Name->|                                        |<--Ende-->|
```

Unten wird gezeigt, wie der neue Bereich innerhalb des Textes für den Aufbau einer Liste benutzt werden kann.

```
    ...
    \begin{TestList}
       \item Das ist Punkt eins.
       \item Das ist Punkt zwei.
    \end{TestList}
    ...
```

Beachten Sie bitte: Zwischen den Klammerpaaren, die dem \newenvironment-Befehl zuzuordnen sind, dürfen keine Leerzeichen liegen. Andernfalls erhalten Sie Fehlermeldungen, von denen nicht unbedingt auf die Quelle des Fehlers zu schließen ist. Wenn man die Zeilen, der besseren Lesbarkeit wegen, dennoch umbrechen möchte, müssen diese mit dem Kommentarzeichen % beendet werden.

Der folgende Textausschnitt zeigt, wie man die weiter oben gezeigte Formatbeschreibung einer mit römischen Zahlen numerierten Liste als neuen Bereich definieren kann. Beachten Sie, daß der Zähler MyCounter vor der Bereichsdefinition erzeugt werden muß, damit man ihn dort verwenden kann. Um den „Quelltext" übersichtlicher halten, d.h. einrücken zu können, wurde an den Stellen, die nicht durch ein Umbruch getrennt werden dürfen, ein % eingefügt.[7]

---

[5]Lesen Sie hierzu auch Kapitel 17.2.
[6]Es handelt sich hierbei ebenfalls um ein mathematisches Symbol. Die Verwendung solcher mathematischer Pfeilsymbole wird in Kapitel 13.5.10 erklärt. Der hier verwendete, nach rechts weisende Pfeil ist als $\rhd$ einzugeben.
[7]Der Quelltext wurde hier sehr stark strukturiert, um ihn lesbar zu halten. In der Praxis ist diese Form der Eingabe nicht notwendig.

```
\documentstyle[german,11pt]{report}    % Praeambel
  \newcounter{MyCounter}               % Zaehlerdefinition
\begin{document}
\newenvironment{MyList}%               Namensvereinbarung
            {\begin{list}              % Anfangssequenz
                {                      % Markendef.
                    \roman{MyCounter}  %    roemische Zahlen
                    \hfill             %    linksbuendig
                }                      %
                {                      % Textformatierung
                    \leftmargin1cm     %    linker Einzug
                    \rightmargin1cm    %    rechter Einzug
                    \topsep1cm         %    Abst. z. umg. Text
                    \usecounter{MyCounter} % benutze Zaehler
                }
            }%                         Endesequenz
            {\end{list}}
...
\begin{MyList}       % ein kleiner Test
  \item Das ist Punkt eins.
  \item Das ist Punkt zwei.
\end{MyList}
...
```

Solche Formatbeschreibungen sollte man, wenn sie in verschiedenen Texten benötigt werden, in separaten Druckformatdateien ablegen, die dann mit dem \input-Befehl eingebunden werden können (siehe Seite 133ff.).

Kapitel 12

Tabulatoren und Tabellen

> *Mit LaTeX lassen sich Tabellen einfach aufbauen und sehr ansprechend gestalten. In diesem Kapitel wird zunächst gezeigt, wie einfache Listen und Tabellen mit einem Tabulatorbereich* **tabbing** *erzeugt werden können. Wenn ein aufwendigeres Layout gefragt ist, wird mit dem Bereich* **tabular** *gearbeitet, der anschließend vorgestellt wird.*
>
> *Wie Fußnoten in Tabellen einzufügen sind, wird auf Seite 117 gezeigt.*

12.1 Tabulatoren

Tabulatoren werden in LaTeX innerhalb eines \tabbing-Bereiches gesetzt und verwendet. Dieser Bereich wird von LaTeX wie ein eigener Absatz behandelt.

Bevor Sie einen oder mehrere Tabulatoren benutzen können, müssen Sie diese zunächst setzen, d.h. deren Anzahl und Position bestimmen. Ein Tabulator wird mit dem Befehl \= gesetzt. Seine Position wird durch die Plazierung des Befehls im Quelltext festgelegt. In der nächsten Zeile können Sie dann mit \> an diesen Tabstopp „springen". Es ist möglich, innerhalb der Tabelle weitere Tabstopps zu definieren. Die einzelnen Zeilen der Tabelle werden mit \\ getrennt.

```
\begin{tabbing}
  Modul \= Funktion \hspace{4cm} \= setzt voraus\\
  str.c \> String-Operationen \> ./. \\
  scr.c \> Bildschirmroutinen \> ./. \\
  sed.c \> Zeileneditor          \> str.c \\
        \>                       \> scr.c \\
  men.c \> Men"usystem           \> str.c \\
        \>                       \> scr.c \\
        \>                       \> sed.c \\
\end{tabbing}
```

Die Struktur der Tabelle wurde bei der Eingabe erhalten, um den Text lesbar zu halten — für LaTeX ist das ohne Bedeutung. Man hätte die Tabelle auch so eingeben können:

```
...
sed.c\> Zeileneditor\> str.c\\
\>\>scr.c\\ men.c\> Men"usystem\>str.c  \\
...
```

Wenn Sie den Text an T_EX und dann an den Druckertreiber übergeben, erhalten Sie den folgenden Ausdruck.

Modul	Funktion	setzt voraus
str.c	String-Operationen	./.
scr.c	Bildschirmroutinen	./.
sed.c	Zeileneditor	str.c
		scr.c
men.c	Menüsystem	str.c
		scr.c
		sed.c

Die erste Tabulatorposition hängt direkt von der Position des ersten von Ihnen eingegebenen \=-Befehls ab. Sehen Sie, wie sich das Aussehen der Tabelle verändert, wenn der erste Tabulator weiter rechts positioniert wird, weil als Spaltenüberschrift „Modulname" statt „Modul" gewählt wird. Die erste Zeile sieht dann so aus:

```
Modulname \= Funktion \hspace{4cm} \= setzt voraus\\
```

Wie der Ausdruck zeigt, sitzt der erste Tabstopp nun deutlich weiter rechts.

Modulname	Funktion	setzt voraus
str.c	String-Operationen	./.
scr.c	Bildschirmroutinen	./.
sed.c	Zeileneditor	str.c
...		

Wie beim zweiten Tabulator gezeigt, können Tabulatoren mit \hspace in exakt bestimmbaren Abständen gesetzt werden.

Sie sollten Tabulatoren, besonders wenn Sie \hspace verwenden, nicht in der Zeile mit den Spaltenüberschriften setzen, weil der Eingabetext dadurch schnell unübersichtlich wird. Sie können der Tabelle eine separate Definitionszeile voranstellen, in der die Tabulatoren angeordnet werden. Diese Zeile wird mit dem Befehl \kill abgeschlossen, um zu verhindern, daß sie mit ausgedruckt wird. Das Beispiel zeigt die obige Tabelle noch einmal — mit einer Definitionszeile versehen und großzügiger formatiert.

```
\begin{tabbing}
  \hspace{3cm} \= \hspace{4cm}       \= \kill
  Modulname    \> Funktion           \> setzt voraus\\*
  str.c        \> String-Operationen\> ./.         \\*
```

12.1. Tabulatoren

```
        scr.c        \> Bildschirmroutinen\> ./.        \\*
        sed.c        \> Zeileneditor       \> str.c     \\*
                     \>                    \> scr.c     \\*
        men.c        \> Men"usystem        \> str.c     \\*
                     \>                    \> ...
\end{tabbing}
```

Die Zeilen werden durch * getrennt, um auszuschließen, daß die Tabelle durch einen Seitenumbruch auseinandergerissen wird. Wie auf Seite 10 gezeigt wurde, kann man dem \\-Befehl außerdem einen optionalen Parameter mitgeben, der den Abstand zur nachfolgenden Zeile bestimmt. So lassen sich die Spaltenüberschriften etwas von der Tabelle absetzen. Im nächsten Quelltextauszug wird außerdem gezeigt, wie die Schriftart für den Tabellenkopf festgelegt werden kann. Jede Zelle muß einzeln formatiert werden, da ein Tabstopp vorangehende Formatierungsdirektiven aufhebt.

```
\begin{tabbing}
   \hspace{3cm} \= \hspace{4cm}     \= \kill
   \it Modulname\>\it Funktion      \>\it setzt voraus\\*[0.2cm]
   str.c        \> String-Operationen\> ./.        \\*
   ...
```

Die Tabelle wirkt nun übersichtlicher:

Modulname	*Funktion*	*setzt voraus*
str.c	String-Operationen	./.
scr.c	Bildschirmroutinen	./.
sed.c	Zeileneditor	str.c
		scr.c
men.c	Menüsystem	str.c
		...

In einigen Zeilen bleiben die ersten Zellen leer. Um diese zu überspringen, werden Tabulatoren mit \> eingefügt. Man kann sich das sparen, indem man am Ende der vorangehenden Zeile für jeden zu übergehenden Tabstopp ein \+ einfügt. Dieser Befehl bewirkt, daß die nächsten Zeilen automatisch um einen Tabstopp eingezogen werden. Diese Anweisung wird mit \- wieder aufgehoben. Der nächste Text bewirkt die gleiche Ausgabe wie oben:

```
\begin{tabbing}
   \hspace{3cm} \= \hspace{4cm}     \= \kill
   \it Modulname\>\it Funktion      \>\it setzt voraus\\*[0.2cm]
   ...
   sed.c        \> Zeileneditor     \> str.c\+\+ \\*
                                    scr.c\-\- \\*
   men.c        \> Men"usystem      \> str.c\+\+ \\*
                                    scr.c       \\*
                                    sed.c
\end{tabbing}
```

Da der \+-Befehl auf *alle* folgenden Zeilen wirkt, bis er explizit mit \- aufgehoben wird, kann man so auch den linken Rand einer Tabelle festlegen. Um die Tabelle um einen Zentimeter einzurücken, wird in der Definitionszeile ein zusätzlicher erster Tabulator eingefügt. Am Ende dieser Zeile bewirkt \+, daß alle nachfolgenden Zeilen entsprechend eingerückt werden. Mit der folgenden Definitionszeile

\hspace{1cm} \= \hspace{3cm} \= \hspace{4cm} \= \+ \kill

wird die Tabelle so ausgedruckt:

Modulname	*Funktion*	*setzt voraus*
str.c	String-Operationen	./.
scr.c	Bildschirmroutinen	./.
sed.c	Zeileneditor	str.c
		...

Soll der Einzug für eine einzelne Zeile aufgehoben werden, ist ihr ein \< voranzustellen. Für mehrere Zeilen erreicht man das mit \-.

Der \'-Befehl dient in **tabbing**-Bereichen dazu, einem einzelnen Spalteneintrag einen Text voranzustellen. Der links von \' stehende Text wird rechtsbündig zum letzten Tabulator gesetzt, der Text rechts davon ist der eigentliche Zelleneintrag. In den folgenden Eingabezeilen wird zwei Tabelleneinträgen ein Ausrufungszeichen vorangestellt.

```
    ...
    men.c   \> Men"usystem    \> str.c       \\*
            \>                \> scr.c       \\*
            \>                \> !\'key.asm  \\*
            \>                \> !\'vio.asm  \\*
            \>                \> sed.c       \\*
    ...
```

Sie erhalten damit diese Druckausgabe:

Modulname	*Funktion*	*setzt voraus*
...		
men.c	Menüsystem	str.c
		scr.c
		! key.asm
		! vio.asm
		sed.c

Der Abstand zwischen diesen Einschüben und dem eigentlichen Tabelleneintrag wird mit \tabbingsep in der Präambel festgelegt (z.B. \tabbingsep0.5cm).

Der Befehl \` setzt den folgenden Text rechtsbündig zum rechten Seitenrand. Die Eingabe von \` (Version 1.2) in der letzten Zeile der Tabelle bewirkt die Ausgabe von

12.1. Tabulatoren

Modulname	Funktion	setzt voraus
...		
men.c	Menüsystem	str.c
		...

(Version 1.2)

Die Befehle \', \' und \= dienen außerhalb von **tabbing**-Bereichen der Eingabe von Akzenten. Um auch hier Buchstaben mit Akzenten benutzen zu können, stellt man diesen ein a voran. Statt J\'{a}nos schreibt man also J\a'{a}nos, um János zu erhalten.

Bisweilen ist es nötig, innerhalb einer Tabelle einige Zeilen abweichend zu formatieren. LaTeX unterstützt dies mit den Befehlen \pushtabs und \poptabs. Mit \pushtabs speichern Sie eine Tabulatoreinstellung und heben sie zugleich auf. Sie können dann in den folgenden Zeilen neue Tabulatoren definieren und verwenden. Mit \poptabs reaktivieren Sie die erste Einstellung später wieder. Die beiden Befehle können geschachtelt werden. Im folgenden Beispiel wird innerhalb der Tabelle praktisch eine neue Tabelle definiert.

```
\begin{tabbing}
    \hspace{1cm}    \= \hspace{3cm} \= \hspace{4cm}    \= \+ \kill
    \it Modulname  \>\it Funktion   \>\it setzt voraus  \\*[0.2cm]
    ...
    scr.c          \> Bildschirmroutinen\> ./.\\*
    \pushtabs                                          % Tabulatoren sichern
    \hspace{3.5cm}\=\hspace{0.3cm}\= \kill              % neue Tabs definieren
                   \> Headerfiles:    \\*
                   \> \> scr.h        \\*
                   \> \> color.h      \\*
    \poptabs                                           % alte Tabs restaurieren
    sed.c          \> Zeileneditor \> str.c  \\*
    \>             \> scr.c         \\*
    ...
\end{tabbing}
```

LaTeX läßt die Tabelle folgendermaßen setzen:

Modulname	Funktion	setzt voraus
...		
scr.c	Bildschirmroutinen	./.
	Headerfiles:	
	scr.h	
	color.h	
sed.c	Zeileneditor	str.c
		scr.c
...		

12.2 Tabellen

12.2.1 Tabellen anlegen

Komplexere Tabellen werden in einen `tabular`-Bereich eingefaßt. Wenn Sie mit diesem Bereich arbeiten, geben Sie nicht mehr an, wie breit die Spalten zu sein haben (wie das bei der Verwendung von Tabulatoren zu tun ist) — die optimale Spaltenbreite wird von LaTeX ermittelt. Diese Tabellen unterscheiden sich in einem weiteren Punkt von den oben beschriebenen: sie dürfen nicht länger als eine Seite sein.[1]

Dem `\begin{tabular}`-Befehl wird eine Zeichenkette mit Formatierungsanweisungen übergeben, die das Aussehen der Tabelle beschreiben. Wenn ein Tabelle z.B. drei Spalten enthalten soll, wobei der Inhalt der ersten rechtsbündig, und der der übrigen linksbündig zu setzen ist, dann ist diese Tabelle folgendermaßen zu definieren:

```
\begin{tabular}{rll}
 ... % hier steht der Inhalt der Tabelle
\end{tabular}
```

In der Formatierungsanweisung definieren die Buchstaben r, l oder c die Ausrichtung des Textes in der jeweiligen Spalte: rechtsbündig, linksbündig oder zentriert. Die Anzahl der Buchstaben legt die Anzahl der Spalten fest. Wenn eine Tabelle aus mehreren Spalten mit der gleichen Ausrichtung bestehen soll, kann man die Formatierungsanweisung abkürzen.

```
\begin{tabular}{*{3}l}
```

ist gleichbedeutend mit

```
\begin{tabular}{lll}
```

Innerhalb der Tabelle werden die Spalten durch das Zeichen & getrennt. Die Zeilen der Tabelle werden mit \\ beendet. Setzen Sie Tabellen stets mit einer Leerzeile vom umgebenden Text ab. Um sie gegenüber dem umgebenden Text auszurichten, benutzen Sie die Befehle für die Absatzformatierung (etwa `center` zum Zentrieren)[2]. Hier nun ein Beispiel für eine einfache Tabelle.

```
\begin{tabular}{rll}
  Nr.& Modul & Funktion \\
   1 & str.c & String-Operationen \\
   2 & scr.c & Bildschirmoperationen \\
   3 & sed.c & Zeileneditor \\
   4 & men.c & Men"usystem
\end{tabular}
```

---

[1] In der *public domain* sind verbesserte Tabellenbereiche erhältlich, die den Satz von Tabellen erlauben, die länger als eine Seite sind.

[2] In diesem Teilkapitel wurden alle Tabellen zentriert.

12.2. Tabellen

Diese Tabelle wird folgendermaßen gesetzt:

Nr.	Modul	Funktion
1	str.c	String-Operationen
2	scr.c	Bildschirmoperationen
3	sed.c	Zeileneditor
4	men.c	Menüsystem

Sollen die Spalten durch vertikale Linien getrennt werden, ist zwischen die Kürzel für die Ausrichtung ein |-Zeichen einzugeben. Mit || werden die Spalten durch eine doppelte Linie getrennt.

```
\begin{tabular}{r|l|l}
  Nr. & Modul & Funktion \\
  1   & str.c & String-Operationen \\
  ...
\end{tabular}
```

Dieser Text wird folgendermaßen ausgegeben:

Nr.	Modul	Funktion
1	str.c	String-Operationen
2	scr.c	Bildschirmoperationen
3	sed.c	Zeileneditor
4	men.c	Menüsystem

Um horizontale Linien einzuziehen, verwenden Sie die \hline-Anweisung. Dieses Kommando wird unmittelbar hinter der Zeilentrennung plaziert und bewirkt eine Ausgabe der Linie vor der nächsten Zeile:

```
\begin{tabular}{r|l|l}
  Nr. & Modul & Funktion \\\hline
  1   & str.c & String-Operationen \\
  2   & scr.c & Bildschirmoperationen \\
  3   & sed.c & Zeileneditor \\
  4   & men.c & Men"usystem
\end{tabular}
```

Eine doppelte horizontale Linie wird gezogen, wenn Sie \hline zweimal hintereinander eingeben. Soll über der ersten Zeile eine Linie gezogen werden, kann der Befehl vor dieser Zeile eingefügt werden.

Wie das nächste Beispiel zeigt, kann eine Tabelle mit den beschriebenen Befehlen vollständig eingerahmt werden. Die beiden Seiten werden gerahmt, indem der Formatierungsanweisung links und rechts ein | angefügt wird. Außerdem wird über der ersten und unter der letzten Zeile mit \hline eine Linie gezogen. Die Kopfzeile wird mit einer doppelten Linie (mit \hline\hline) abgesetzt. Es folgt der Eingabetext und dann die Druckausgabe.

```
\begin{tabular}{|r|l|l|}
\hline
Nr. & Modul & Funktion \\\hline\hline
1   & str.c & String-Operationen \\\hline
2   & scr.c & Bildschirmoperationen \\\hline
3   & sed.c & Zeileneditor\\\hline
4   & men.c & Men"usystem\\\hline
\end{tabular}
```

Nr.	Modul	Funktion
1	str.c	String-Operationen
2	scr.c	Bildschirmoperationen
3	sed.c	Zeileneditor
4	men.c	Menüsystem

Vertikale Trennlinien über die gesamte Höhe einer Zeile können Sie in einzelnen Tabellenzellen mit dem \vline-Kommando einziehen.

12.2.2 Zeichenformatierung in Tabellen

Formatierungen innerhalb der Tabelle wirken sich nur auf eine einzige Zelle aus. Wenn Sie z.B. den Text des Tabellenkopfes mit einer bestimmten Schriftart setzen lassen möchten, müssen Sie dort jeden Eintrag gesondert formatieren, wie der nächste Textauszug zeigt.

```
\begin{tabular}{|r|l|l|}
\hline
\it Nr. &\it Modul &\it Funktion \\\hline\hline
1   & str.c & String-Operationen \\\hline
...
```

12.2.3 Zusammenfassung von Spalten und Zeilen

Sie können innerhalb einer Tabellenzeile mehrere Spalten zu einer zusammenfassen. Hierfür ist der \multicolumn-Befehl zu verwenden. Dem Befehl werden mehrere Parameter übergeben: zunächst die Anzahl der Spalten, die zusammenzufassen sind, dann ein Formatierungsmuster und schließlich der Inhalt dieser Spalte. Die drei Parameter werden in drei geschweiften Klammern an \multicolumn angefügt. Hier die Syntax dieses Befehls:

```
\multicolumn{AnzahlSpalten}{Format}{Text}
```

Die obige Tabelle soll jetzt mit einer durchgehenden Kopfzeile versehen werden. Diese Kopfzeile wird LaTeX dafür als eine Spalte kenntlich gemacht, die sich über die drei Spalten der übrigen Tabelle erstreckt. Als erster Parameter wird also eine 3 übergeben. Da die Kopfzeile zentriert und rechts und links gerahmt werden soll, wird als Formatierungsanweisung die Zeichenkette |c| übergeben. Schließlich wird der Text eingefügt. Die Spalte wird mit der \\-Anweisung beendet und mit einer doppelten Linie (\hline\hline) von der Tabelle abgesetzt.

12.2. Tabellen

```
\begin{tabular}{|r|l|l|}
  \hline
  \multicolumn{3}{|c|}{Liste der Module}\\\hline\hline
  Nr. & Modul & Funktion \\\hline\hline
  1   & str.c & String-Operationen \\\hline
  ...
```

Man erhält damit folgendes Ergebnis:

\multicolumn{3}{Liste der Module}		
Nr.	Modul	Funktion
1	str.c	String-Operationen
2	scr.c	Bildschirmoperationen
3	sed.c	Zeileneditor
4	men.c	Menüsystem

Diese zeilenweise verbreiterten Spalten müssen nicht zwingend die Breite aller anderen Spalten einnehmen, außerdem können sie in jeder Zeile der Tabelle eingefügt werden. Im folgenden Beispiel erhalten die ersten beiden Spalten eine gemeinsame, zentrierte Überschrift. Die Überschrift der dritten Spalte wird nach einem & hinter der \multicolumn-Anweisung angefügt. Es folgt zunächst der Eingabetext, dann die Druckausgabe.

```
\begin{tabular}{|rl|l|}
  \hline
  \multicolumn{2}{|c|}{Modul} & Funktion\\\hline\hline
  1 & bit.c & Bitoperationen\\\hline
  2 & fio.c & Dateioperationen\\\hline
  ...
```

Modul		Funktion
1	bit.c	Bitoperationen
2	fio.c	Dateioperationen
3	mem.c	Speicheroperationen
4	str.c	String-Operationen

Wenn der Text einer Zelle bzw. Spalte für mehrere *Zeilen* einer gerahmten Tabelle gelten soll, wird das \cline-Kommando verwendet. In der folgenden Tabelle betreffen die Bezeichnungen in der Spalte „Gruppe" mehrere Zeilen.

Nr.	Modul	Funktion	Gruppe
1	bit.c	Bitoperationen	Basis-Module
2	str.c	String-Operationen	
3	mem.c	Speicheroperationen	
4	fio.c	Dateioperationen	IO-Funktionen
5	scr.c	Bildschirmop.	
6	men.c	Menüsystem	

Im Prinzip wird eine Tabelle dieser Art eingegeben wie jede andere auch. Zellen, die keinen Text enthalten sollen, werden einfach leer gelassen. Texte wie „IO-Funktionen" werden in der gewünschten Zeile plaziert. Bleibt das Problem der Linien. Betrachten Sie z.B. einmal die zweite und dritte Zeile der Tabelle. Die Besonderheit ist hier, daß die horizontale Linie lediglich von der ersten bis zur dritten Spalte reicht. Das erreichen Sie mit \cline. Diesem Befehl wird als Parameter übergeben, von welcher Spalte und bis zur welcher Spalte eine horizontale Linie zu ziehen ist. Hier die Syntax:

```
\cline{vonSpalte-bisSpalte}
```

Der \cline-Befehl wird an der gleichen Stelle eingefügt wie \hline. Hier nun der Eingabetext der obigen Tabelle.

```
\begin{tabular}{|r|l|l|c|}
  \hline
  Nr.& Modul & Funktion         & Gruppe \\\hline\hline
  1  & bit.c & Bitoperationen   & Basis- \\\cline{1-3}
  2  & str.c & String-Operationen & Module \\\cline{1-3}
  3  & mem.c & Speicheroperationen &     \\\hline
  4  & fio.c & Dateioperationen &       \\\cline{1-3}
  5  & scr.c & Bildschirmop.    & IO-Funktionen\\\cline{1-3}
  6  & men.c & Men"usystem      &       \\\hline
\end{tabular}
```

Wenn solche großen Tabellenzellen längere Kommentare o.ä. enthalten sollen, ist die Eingabe in der beschriebenen Art etwas mühsam. In diesem Fall ist es einfacher, LaTeX anzuweisen, den Text in der betreffenden Spalte mit einer bestimmten Breite zu umbrechen. Hierfür wird die Formatierungsanweisung modifiziert. Statt einem l für den linksbündigen Satz der Spalte, fügt man ein p, und in geschweiften Klammern die gewünschte Textbreite ein. Durch die folgende Formatierungsanweisung wird der Inhalt der letzten Spalte als fünf Zentimeter breiter Block gesetzt.

```
\begin{tabular}{|r|l|l|p{5cm}|}
...
```

Um diese Tabelle zu erhalten,

	Liste der Module
Nr.	Modul	Funktion	Beispiele
1	str.c	String-Operationen	upper, lower, insert, soundex, ltrim, rtrim, untrim, strbeg ...
2	scr.c	Bildschirmoperationen	wrstr, wrint, gotoxy, gotoxy, wherex, wherey, cursoff, curson, graphmode, cls ...
3	sed.c	Zeileneditor	...
4	men.c	Menüsystem	...

12.2. Tabellen

ist der folgende Text einzugeben. Beachten Sie, daß die Einrückungen des Inhalts der letzten Spalte allein der Übersichtlichkeit dienen, für LaTeX haben Sie keine Bedeutung.

```
\begin{center}      % zentriert
  \begin{small}     % eine etwas kleinere Schrift
    \begin{tabular}{|r|l|l|p{5cm}|}
      \hline
      \multicolumn{4}{|c|}{Liste der Module}    \\\hline\hline
      Nr. & Modul & Funktion       & Beispiele\\\hline\hline
      1   & str.c & String-Operationen&
                        upper, lower, insert, soundex,
                        ltrim, rtrim, untrim, strbeg \dots\\\hline
      2   & scr.c & Bildschirmoperationen &
                        wrstr, wrint, gotoxy, gotoxy, wherex,
                        wherey, cursoff, curson,
                        graphmode, cls \dots      \\\hline
      3   & sed.c & Zeileneditor   & \dots \\\hline
      4   & men.c & Men"usystem    & \dots \\\hline
    \end{tabular}
  \end{small}
\end{center}
```

Soll in solchen Kommentarspalten ein Zeilenumbruch erzwungen werden, benutzen Sie den Befehl \newline.

12.2.4 Dezimaltabulatoren

Die korrekte Ausrichtung von Dezimalzahlen in einer Tabelle ist eine etwas umständliche Angelegenheit.

Es besteht die Möglichkeit, in die Formatierungsanweisung eine weitere Anweisung aufzunehmen: einem @ folgen in geschweiften Klammern ein oder mehrere Zeichen, die dann in *jeder* Zeile zwischen die Spalte links und rechts von diesem Kommando eingefügt werden. Der Inhalt der gesamten Spalte wird also bereits in der Formatierungsanweisung festgelegt. Hier zunächst ein sehr einfaches Beispiel. In der Tabelle steht zwischen der ersten und der zweiten linksbündigen Spalte jeweils ein Spiegelstrich.

> scr.c — Bildschirmroutinen
> men.c — Menüsystem

Im Eingabetext wird eine linksbündig gesetzte Spalte vereinbart, dann mit der Anweisung @{ --- } der Spiegelstrich eingeschoben. Schließlich folgt eine weitere, linksbündig gesetzte Spalte:

```
\begin{tabular}{l@{ --- }l}
  scr.c & Bildschirmroutinen \\
  men.c & Men"usystem \\
\end{tabular}
```

Beachten Sie, wie die Tabellenzeilen eingegeben wurden. Weder der Spiegelstrich taucht dort noch einmal auf, noch wurde mit & eine separate Spalte für diesen eingesetzt. LaTeX ersetzt den Zwischenraum, der sich sonst zwischen zwei Spalten befindet, selbständig durch den mit @{...} eingefügten Text. Das betrifft im übrigen auch vertikale Linien, die von solchen Texten verdrängt werden.

Will man Dezimalzahlen in einer Tabelle setzen, teilt man sie in zwei Spalten auf, eine rechts- und eine linksbündige, zwischen die mit der @{.}-Anweisung ein Dezimalpunkt (oder -komma) eingeschoben wird. Das zeigt die nächste Tabelle. Mit dem gleichen Verfahren wurde dort der letzten Spalte eine weitere mit dem Inhalt „DM" angefügt. Beachten Sie, daß eventuell gewünschte Leerräume hier explizit einzugeben sind, deshalb wurde nicht @{DM} sondern @{ DM} geschrieben.

C-Compiler	1024.95 DM
QEdit	128.50 DM
Lint	316.95 DM

Hier der dazugehörige Eingabetext:

```
\begin{tabular}{lr@{.}l@{ DM}}
   C-Compiler  & 1024 & 95   \\
   QEdit       & 128  & 50   \\
   Lint        & 316  & 95   \\
\end{tabular}
```

Wenn eine Überschrift mehrere solcher Spalten abdecken soll (wie in der folgenden Tabelle über den Preisen), muß sie mit einer \multicolumn-Anweisung über all diese Spalten erweitert werden.

Programm	Version	Preis
C-Compiler	6.00A	1024.95 DM
QEdit	2.1	128.50 DM
Lint	11.2	316.95 DM

Es folgt der einzugebende Text.

```
\begin{tabular}{l|l|r@{.}r@{ DM }}
   Programm    & Version &\multicolumn{2}{c}{Preis} \\\hline
   C-Compiler  & 6.00A   & 1024 & 95   \\
   QEdit       & 2.1     & 128  & 50   \\
   Lint        & 11.2    & 316  & 95   \\
\end{tabular}
```

Soll der mit @{...} eingefügte Text von größeren Leerräumen umgeben werden, können Sie diese mit der \hspace-Anweisung einfügen. Auf diese Weise lassen sich die Spalten auch auseinanderrücken. Dafür wird dann nur eine \hspace-Anweisung in die geschweiften Klammern gesetzt.

12.2.5 Weitere Formatierungsmöglichkeiten

Mit dem Befehl \arrayrulewidth, direkt gefolgt von einer Maßangabe, kann die Breite der mit | erzeugten Linien variiert werden. Mit \doublerulesep wird der Abstand zwischen doppelten Linien verändert. Auch diesem Befehl wird die Maßangabe direkt angehängt. Der Zeilenabstand wird manipuliert, indem der interne Platzhalter \arraystretch mit einer \renewcommand-Anweisung vergrößert oder verkleinert wird (vgl. auch Kapitel 4.5).

Den Abstand zwischen den Spalten verändern Sie mit dem \tabcolsep-Kommando, dem ebenfalls direkt eine Maßangabe angehängt wird. Der von Ihnen angegebene Wert wird rechts von einer Spalte und dann noch einmal links vor der nächsten eingeschoben.

Wenn eine Tabelle mit \tabular erzeugt wird, ermittelt LaTeX die optimale Breite der Tabelle. Mit der Modifikation des Befehls durch * haben Sie die Möglichkeit, die Breite der Tabelle selbst zu bestimmen. In diesem Fall ist als weiterer Parameter die Breite anzugeben. Außerdem muß dem ersten Buchstaben in der Formatierungsanweisung das Kommando @{\extracolsep\fill} folgen, damit die Spalten korrekt positioniert werden. Der folgende Textauszug zeigt eine solche Tabellendefinition. Die Tabelle wird mit einer Breite von 12 Zentimetern gesetzt. Sie enthält eine linksbündige und zwei zentrierte Spalten.

```
\begin{tabular*}{12cm}{l@{\extracolsep\fill}cc}
...
\end{tabular*}
```

12.2.6 Bewegliche Tabellen

Wenn LaTeX eine Tabelle nicht mehr auf einer Seite unterbringen kann, wird sie komplett auf die nächste Seite „geschoben", der Rest der aktuellen Seite bleibt leer. In einem Text mit vielen größeren Tabellen sieht das nicht besonders gut aus.

LaTeX bietet Ihnen deshalb die Möglichkeit, Tabellen als beweglich zu kennzeichnen. Diese Tabellen werden dann nicht zwingend an die Stelle gesetzt, in der sie im Eingabetext auftauchen, sondern bei Bedarf so verschoben, daß die Seitengestaltung möglichst harmonisch wirkt.

Dafür muß jede Tabelle in einen Bereich table eingefaßt werden. Dieser enthält zunächst einen optionalen Titel, dann die Tabelle selbst und schließlich einen ebenfalls optionalen Untertitel. Im folgenden Eingabetext wird eine Tabelle als beweglich deklariert. Sie wird außerdem mit dem Titel „Verzeichnis der Module" und dem Untertitel „*Version 1.0*" versehen. Zwischen Titel und Tabelle wird mit \smallskip ein kleiner zusätzlicher Zwischenraum eingeschoben.

```
\begin{table}              % eine bewegliche Tabelle
   \begin{center}          % zentriert
      {\bf Verzeichnis der Module}   % Titel (fett)
      \smallskip           % etwas Abstand
```

```
            \begin{tabular}{|r|l|l|c|}         % die eigentliche
            \hline                              % Tabelle
            Nr.& Modul & Funktion               & Gruppe \\\hline\hline
            1  & bit.c & Bitoperationen         & Basis- \\\cline{1-3}
            ...
            \end{tabular}

            {\small \it (Version 1.0)}          % Untertitel (klein)
          \end{center}
        \end{table}
```

Das \clearpage-Kommando schließt eine Seite mit einem Umbruch ab und ist insofern mit dem \newpage-Befehl vergleichbar. Allerdings bewirkt \clearpage, daß alle beweglichen und noch nicht gedruckten Tabellen umgehend ausgegeben (und keinesfalls weitergeschoben) werden. Beim doppelseitigen Druck bewirkt \cleardoublepage dasselbe. Jedoch beginnt der folgende Text auf jeden Fall auf einer ungeraden, also rechten Seite.

Wird der \begin{table}-Sequenz der optionale Parameter [h] angefügt, wird die Tabelle möglichst an der Stelle ausgedruckt, in der sie im Eingabetext erscheint. Mit der Option [t] wird sie an einem Seitenanfang, mit [b] an einem Seitenende plaziert. Der Parameter [p] bewirkt eine Ausgabe der beweglichen Tabellen auf einer eigenen Seite. Die Parameter können kombiniert werden (z.B. zu [ht]). Dadurch lassen sich LaTeX mehrere Möglichkeiten vorgeben. Wird kein optionaler Parameter angegeben, setzt LaTeX intern die Kombination [tbp] ein.

Die Befehlsmodifikation mit * bewirkt beim zweispaltigen Satz die Ausgabe einer Tabelle über zwei Spalten hinweg. Die oben erwähnten Optionen h und b sind dann nicht verfügbar.

12.2.7 Tabellenverzeichnisse

Treten im Text mehrere Tabellen auf, auf die auch verwiesen werden soll, sollten diese numeriert werden. Dies geschieht automatisch mit dem \caption-Befehl, dem als Parameter der Titel der Tabelle übergeben wird. Optional kann als weiterer Parameter ein knapperer Titel angegeben werden, unter dem die Tabelle im Tabellenverzeichnis aufgeführt werden soll. Das Kommando ist folgendermaßen einzugeben:

```
\caption[Kurztitel]{Titel}
```

Je nach dem, wo Sie die \caption-Anweisung plazieren, ob über oder unter der Tabelle, erzeugt LaTeX daraus einen Titel oder einen Untertitel. Ist der Titel kürzer

12.2. Tabellen

als eine Zeile, wird er zentriert. Die Tabellen werden kapitelweise durchnumeriert:

...			
5	scr.c	Bildschirmop.	IO-Funktionen
6	men.c	Menüsystem	

Tabelle 12.1: Verzeichnis der Module

Ein Verzeichnis der Tabellen wird mit dem Befehl \listoftables (z.B. nach dem Inhaltsverzeichnis) ausgegeben. Tabellen, die nicht als beweglich deklariert wurden, können Sie ebenfalls in das Tabellenverzeichnis aufnehmen. Das gilt für Tabellen, die mit Hilfe von Tabulatoren aufgebaut wurden, und solche, die mit einem tabular-Bereich erzeugt wurden. Allerdings muß das „von Hand" mit dem Kommando \addcontentsline geschehen. Hier die Befehlssyntax:

\addcontentsline{lot}{table}{Tabellenbezeichnung}

Um eine Tabelle unter dem Titel „Module" im Tabellenverzeichnis erscheinen zu lassen, stellen Sie Ihr folgende Zeile voran:

\addcontentsline{lot}{table}{Module}

Damit wird der Hilfsdatei für die Tabellenliste mit der Extension .lot ein (nicht numerierter) Eintrag „Module" zugefügt.

12.2.8 Bezüge auf Tabellen

Um sich auf eine Tabelle im Text beziehen zu können, fügen Sie die \label-Anweisung in die Tabelle ein. Mit \pageref können Sie sich dann auf die Seitenzahl der Tabelle beziehen. Der Bezug auf die Nummer einer beweglichen Tabelle wird möglich, wenn Sie *in* die \caption-Anweisung eine \label-Anweisung einfügen. Im folgenden Eingabetext erhält die Tabelle die numerierte Unterzeile „Verzeichnis der Module". Im Verzeichnis der Tabellen wird sie mit dem knapperen Titel „Modulverzeichnis" geführt. Außerdem wird ein label „mod" deklariert. Auf einen zusätzlichen Titel und Untertitel wurde verzichtet.

```
\begin{table}                          % eine bewegliche Tabelle
  \begin{center}

    \begin{tabular}{|r|l|l|c|}
      \hline
      Nr.& Modul & Funktion            & Gruppe   \\\hline\hline
      1  & bit.c & Bitoperationen      & Basis-   \\\cline{1-3}
      2  & str.c & String-Operationen  & Module   \\\cline{1-3}
      3  & mem.c & Speicheroperationen &          \\\hline
      4  & fio.c & Dateioperationen    &          \\\cline{1-3}
      5  & scr.c & Bildschirmop.       & IO-Funktionen\\\cline{1-3}
      6  & men.c & Men"usystem         &          \\\hline
    \end{tabular}

  \end{center}
  \caption[Modulverzeichnis]{Verzeichnis der Module\label{mod}}
\end{table}
```

Im Text kann sich nun auf die Seitenzahl und auf die Tabellennummer bezogen werden. Wie das geht, zeigt der nächste Textausschnitt.

```
Die Module sind in Tabelle \ref{mod} auf Seite \pageref{tab1}
aufgef"uhrt ...
```

Kapitel 13

Formelsatz

> *Der Formelsatz ist eine der Stärken des LaTeX-Systems. Lamports Makropaket wurde nicht zuletzt dadurch berühmt, daß sich selbst komplexeste mathematische Formeln auf unkomplizierte Weise in die Texte einfügen lassen.*

Mathematische Formeln verarbeitet LaTeX auf einer anderen Funktionsebene als reinen Text. Die in diesem Kapitel beschriebenen Kommandos gelten, soweit nichts anderes gesagt wird, auch nur auf dieser Ebene, dem *math-mode*.

13.1 Formeln kenntlich machen

Sobald Sie eine Formel eingeben, müssen Sie aus dem *text-mode* in den *math-mode* wechseln. Bei der Eingabe von Formeln ist zu unterscheiden, ob die Formel Teil des Textes sein, oder von diesem abgesetzt ausgegeben werden soll.

13.2 Formeln im Text

Eine Formel, die innerhalb des Textes erscheinen soll, wie z.B. $a = \sqrt{b^2 + c^2}$, kann auf verschiedene Weise kenntlich gemacht werden. Sie können Ihre Formel in einem Bereich math eingeben, d.h. mit \begin{math} einleiten und mit \end{math} abschließen. Beginn und Ende einer Formel können LaTeX auch mit \(und \) angezeigt werden, oder noch kürzer, indem man die Formel in zwei $ einfaßt.

Eine Formel $a = b + c$, die innerhalb eines Textes auftreten soll, läßt sich demnach in drei Varianten eingeben. Das Druckergebnis ist identisch.

```
Das ist eine Formel:\begin{math} a = b + c \end{math} ...
Das ist eine Formel:$a = b + c$ ...
Das ist eine Formel:\(a = b + c\) ...
```

Formeln werden in der Schriftart *math-italic* gesetzt, die sich von der Schrift *italic* unterscheidet. Wenn Sie sich in Ihrem Text auf eine Variable einer Formel wie v

beziehen, sollten Sie sie als Formel eingeben, um eine Einheitlichkeit der Schriftart zu erzielen.

Leerzeichen im Eingabetext einer Formel werden ignoriert — die korrekten Abstände zwischen ihren Elementen werden von LaTeX ermittelt. Lange Formeln können von LaTeX am Zeilenende automatisch umbrochen werden. Beachten Sie bitte, daß eine Formel nie einen kompletten Satz oder Absatz bilden soll und, daß ein Satz nicht mit einer Formel beginnen soll.

13.3 Abgesetzte Formeln

Längere Formeln wirken lesbarer, wenn sie vom übrigen Text abgesetzt werden, wie die Formel
$$a = \sqrt{b^2 + c^2}$$
Geben Sie eine abgesetzte Formel in einen Bereich `displaymath` ein, oder verwenden Sie die Kurzform \[...\]. Die obige Formel wurde folgendermaßen eingegeben (die verwendeten Befehle werden später erläutert):

```
...werden, wie die Formel
\begin{displaymath}
  a=\sqrt{b^{2}+c^{2}}
\end{displaymath}
Geben Sie eine abgesetzte Formel ...
```

Beachten Sie, daß eine abgesetzte Formel keinen Absatz einleiten soll und auch keinen eigenen Absatz darstellen soll — vor einer abgesetzten Formel darf demnach keine Leerzeile stehen. Lange abgesetzte Formeln werden von LaTeX nicht umbrochen.

Abgesetzte Formeln werden normalerweise zentriert ausgegeben. Wie im Kapitel über die Dokumentenformatierung (Seite 47) bereits erwähnt, können Sie dies in der \documentstyle-Anweisung mit dem Parameter fleqno ändern. Mit der folgenden Anweisung wird für das gesamte Dokument festgelegt, daß abgesetzte Formen linksbündig gesetzt werden:

```
\documentstyle[german,11pt,fleqn]{book}
```

Der Einzug einer Formel kann dann mit dem \mathindent-Kommando bestimmt werden. Ab der Anweisung \mathindent1cm werden alle Formeln um einen Zentimeter eingerückt. Das Kommando wirkt bis zum Dateiende, bzw. bis mit \mathindent ein anderer Wert eingestellt wird.

13.4 Verweise auf Formeln

Wenn Sie Ihre Formeln automatisch numerieren lassen möchten, plazieren Sie sie in einem `equation`-Bereich.
$$a^2 = b^2 + c^2 \tag{13.1}$$

Dieser unterscheidet sich lediglich durch die automatische Vergabe der Nummern vom displaymath-Bereich. Die Nummern werden rechtsbündig ausgegeben. Der optionale Parameter leqno in der \documentstyle-Anweisung bewirkt eine linksbündige Ausgabe der Nummern.

Auf numerierte Formeln können Sie sich im Text beziehen. Fügen Sie dafür eine Textmarke innerhalb des equation-Bereiches ein. Die Formel 13.1 auf Seite 98 wurde folgendermaßen eingegeben:

```
\begin{equation}
   a^{2} = b^{2} + c^{2} \label{pyth}
\end{equation}
```

Im Text beziehen Sie sich wie folgt auf diese Formel:

```
Die Formel \ref{pyth} auf Seite \pageref{pyth} wurde ...
```

13.5 Bausteine mathematischer Formeln

Mathematische Formeln werden aus zahlreichen Elementen kombiniert. Das können Anweisungen sein (wie z.B. für das Hochstellen von Elementen), Operatoren wie ∨, Symbole wie ↕ oder ∞, griechische Buchstaben (z.B. π), Funktionsnamen etc. Diese Elemente werden nun der Reihe nach vorgestellt.

13.5.1 Wurzeln

Um eine Quadratwurzel auszugeben, ist der \sqrt-Befehl zu verwenden. Als Parameter wird in geschweiften Klammern der Radikand angegeben. Die Wurzel aus $x + y$ wird demnach so eingegeben:

```
\[ x = \sqrt{x+y} \]
```

Sie erhalten dann

$$x = \sqrt{x+y}$$

Wurzeln lassen sich schachteln: $\sqrt{y + \sqrt{z}}$ erzeugen Sie mit der Eingabe von

```
$\sqrt{y + \sqrt{z}}$
```

Um z.B. die dritte Wurzel zu ziehen, übergeben Sie an \sqrt den optionalen Parameter [3]. Der Ausdruck $\sqrt[3]{x - v}$ verlangt die Eingabe von `$\sqrt[3]{x-v}$`.

13.5.2 Indizes und Exponenten

Ein Exponent wird mit ^ eingeleitet, ein Index mit _. Die Formel $(a + b)^2 = a^2 + 2ab + b^2$ ist folgendermaßen einzugeben:

```
$(a + b)^{2} = a^{2} + 2ab + b^{2}$
```

Indizes und Exponenten können kombiniert werden, wie bei a_x^2 (`$a_{x}^{2}$`).

13.5.3 Brüche

Bruchstriche können mit / symbolisiert werden. Der Bruch $a/2$ wird als $a/2$ eingegeben. Soll ein komplexerer Bruch dargestellt werden, ist das \frac-Kommando zu verwenden. Die Formel $v = \frac{x}{y}$ wird als $v = \frac{x}{y}$ eingegeben.

$$f = \frac{a+b}{2g}$$

als \[f = \frac{a+b}{2g} \]. Brüche können (wie die anderen mathematischen Strukturen) geschachtelt werden. Den Bruch

$$x = \frac{a+b}{f - \frac{b+y}{2k}}$$

erhält man durch die Eingabe von

\[x = \frac{a+b}{f-\frac{b+y}{2k}}\]

13.5.4 Auslassungspunkte

Im *math-mode* bietet LaTeX verschiedene Typen von Auslassungs- oder Fortsetzungspunkten an. Für eine Folge wie $t_0, t_1, \ldots t_n$ benutzen Sie das Kommando \ldots:

$t_{0}, t_{1}, \ldots t_{n}$

Zentrierte Punkte wie in $t_0 + t_1, + \cdots + t_n$ erhalten Sie mit \cdots. Außerdem können Sie die vertikalen Punkte $\vdots$ mit \vdots und die diagonale Punktfolge $\ddots$ mit \ddots erzeugen.

13.5.5 Unterstreichen und Überstreichen

Mit dem \underline-Befehl werden Formelteile unterstrichen. Der \overline-Befehl setzt einen Strich über einen Formelteil. Der Ausdruck $x = \underline{2a}$ ist einzugeben als $x = \underline{2a}$ und $\overline{F_2 P1} = a + \varepsilon x_1$ als $\overline{F_{2}P{1}}=a+\varepsilon x_{1}$.

13.5.6 Transformationszeichen

Ein Transformationszeichen wird als einfacher Anführungsstrich eingegeben. Die Formel $x' = x - x_0$ wird als $x' = x - x_{0}$ eingetippt.

13.5.7 Summen

Ein Summensymbol $\sum$ läßt man LaTeX mit dem Kommando \sum erzeugen. Die Grenzen werden hoch- und tiefgestellt (mit ^ bzw. _) angefügt. Die Eingabe von

\[\sum_{x=1}^{n} \]

13.5. Bausteine mathematischer Formeln

bewirkt die Ausgabe von
$$\sum_{x=1}^{n}$$

Beachten Sie, daß die gleiche Formel, im laufenden Text eingegeben, als $\sum_{x=1}^{n}$ ausgegeben wird.

13.5.8 Integrale

Die Befehlssyntax für die Ausgabe eines Integralsymbols unterscheidet sich nicht von der des Summenzeichens.
$$\int_{a}^{b} f(x)$$
erzeugen Sie mit \[\int_{a}^{b} f(x) \].

13.5.9 Grenzangaben für Summen und Integrale

Das \limits-Kommando rückt die Integral- oder Summengrenzen unter bzw. über das Symbol. Mit \[\int\limits_{a}^{b} f(x) \] erzeugen Sie:
$$\int\limits_{a}^{b} f(x)$$

Bei anderen, vergleichbaren Symbolen (siehe Tabelle 13.5) können die Grenzangaben ebenfalls mit \limits in dieser Weise plaziert werden. Mit \nolimits werden die Grenzen rechts vom Symbol ausgegeben, wo sie sonst unter- bzw. oberhalb stehen (z.B. bei Summenzeichen in abgesetzten Formeln).

13.5.10 Operatoren und Symbole

Eingabe von Tastatur

Die Operatoren bzw. Symbole $+ - / * <> =: |()[]'$ können Sie direkt über die Tastatur eingeben. Andere Operatoren werden mit speziellen Kommandos erzeugt, die im folgenden vorgestellt werden.

Binäre Operatoren

LaTeX stellt Ihnen die binären Operatoren zur Verfügung, die in Tabelle 13.1 aufgeführt sind.[1] Für \wedge kann alternativ \land und anstelle von \vee kann \lor verwendet werden.

---
[1] Der Aufbau der Zeichentabellen wurde aus Leslie Lamports Buch übernommen.

±	\pm	∩	\cap	⋄	\diamond	⊕	\oplus
∓	\mp	∪	\cup	△	\bigtriangleup	⊖	\ominus
×	\times	⊎	\uplus	▽	\bigtriangledown	⊗	\otimes
÷	\div	⊓	\sqcap	◁	\triangleleft	⊘	\oslash
∗	\ast	⊔	\sqcup	▷	\triangleright	⊙	\odot
⋆	\star	∨	\vee	◁	\lhd	○	\bigcirc
∘	\circ	∧	\wedge	▷	\rhd	†	\dagger
•	\bullet	\	\setminus	⊴	\unlhd	‡	\ddagger
·	\cdot	≀	\wr	⊵	\unrhd	II	\amalg

Tabelle 13.1: Binäre Operatoren

≤	\leq	≥	\geq	≡	\equiv	⊨	\models
≺	\prec	≻	\succ	∼	\sim	⊥	\perp
≼	\preceq	≽	\succeq	≃	\simeq	|	\mid
≪	\ll	≫	\gg	≍	\asymp	‖	\parallel
⊂	\subset	⊃	\supset	≈	\approx	⋈	\bowtie
⊆	\subseteq	⊇	\supseteq	≅	\cong	⋈	\Join
⊏	\sqsubset	⊐	\sqsupset	≠	\neq	⌣	\smile
⊑	\sqsubseteq	⊒	\sqsupseteq	≐	\doteq	⌢	\frown
∈	\in	∋	\ni	∝	\propto		
⊢	\vdash	⊣	\dashv				

Tabelle 13.2: Vergleichsoperatoren

Vergleichsoperatoren

Tabelle 13.2 zeigt, mit welchen Kommandos relationale Operatoren erzeugt werden. Für das dort aufgeführte Kommando \parallel können Sie die Kurzform \| benutzen. Der Befehl \mid bewirkt die gleiche Ausgabe wie ein über die Tastatur eingegebenes |.

Die aufgeführten Operatoren können durch ein Voranstellen von \not „verneint" werden. Um ≯ oder ≢ zu erhalten, geben Sie $\not>$ oder $\not\equiv$ ein.[2] Für das Symbol ∉ wird das Kommando \notin benutzt. \not= ist gleichbedeutend mit \ne und \neq.

Pfeile und andere Symbole

Tabelle 13.3 zeigt die Pfeilsymbole und Tabelle 13.4 eine Reihe weiterer mathematischer Symbole, die Ihnen LaTeX zur Verfügung stellt. Der Befehl \rightarrow (→)

---

[2]Wird ein Schrägstrich bei der Verneinung nicht korrekt plaziert, schieben Sie zwischen die Verneinungsanweisung und das Symbol eines der auf Seite 111 aufgeführten Kommandos für zusätzliche Leerräume.

13.5. Bausteine mathematischer Formeln

←	\leftarrow	⟵	\longleftarrow	↑	\uparrow
⇐	\Leftarrow	⟸	\Longleftarrow	⇑	\Uparrow
→	\rightarrow	⟶	\longrightarrow	↓	\downarrow\
⇒	\Rightarrow	⟹	\Longrightarrow	⇓	\Downarrow
↔	\leftrightarrow	⟷	\longleftrightarrow	↕	\updownarrow
⇔	\Leftrightarrow	⟺	\Longleftrightarrow	⇕	\Updownarrow
↦	\mapsto	⟼	\longmapsto	↗	\nearrow
↩	\hookleftarrow	↪	\hookrightarrow	↘	\searrow
↼	\leftharpoonup	⇀	\rightharpoonup	↙	\swarrow
↽	\leftharpoondown	⇁	\rightharpoondown	↖	\nwarrow
⇌	\rightleftharpoons	⇝	\leadsto		

Tabelle 13.3: Pfeilsymbole

ℵ	\alep	′	\prime	∀	\forall	∞	\infty
ℏ	\hbar	∅	\emptyset	∃	\exists	□	\Box
ı	\imath	∇	\nabla	¬	\neg	◊	\Diamonds
ȷ	\jmath	√	\surd	♭	\flat	△	\triangle
ℓ	\ell	⊤	\top	♮	\natural	♣	\clubsuit
℘	\wp	⊥	\bot	♯	\sharp	♦	\diamondsuit
ℜ	\Re	∥	|	\	\backslash	♡	\heartsuit
ℑ	\Im	∠	\angle	∂	\partial	♠	\spadesuit
℧	\mho						

Tabelle 13.4: Verschiedene mathematische Symbole

kann mit \to abgekürzt werden, \leftarrow (←) mit \gets. Der in Tabelle 13.4 aufgeführte Operator \neg (¬) kann durch \lnot erzeugt werden.

Die Zeichen in den Tabellen können Sie, wenn Sie sie in zwei $ einfassen, natürlich auch innerhalb von Texten benutzen. Das gleiche gilt für die griechischen Buchstaben aus Tabelle 13.6.

Symbole mit unterschiedlichen Größen

Die Größe einiger Symbole hängt, wie beim Summenzeichen, davon ab, ob das Symbol in einer abgesetzten Formel auftritt oder in einer Formel, die im laufenden Text steht. Das Symbol ∮ hat im Text diese, in einer abgesetzten Formel

aber jene Größe. Tabelle 13.5 zeigt diese Symbole mit unterschiedlichen Größen.

$\sum$	\sum	$\bigcap$	\bigcap	$\odot$	\bigodot		
$\prod$	\prod	$\bigcup$	\bigcup	$\otimes$	\bigotimes		
$\coprod$	\coprod	$\bigsqcup$	\bigsqcup	$\oplus$	\bigoplus		
$\int$	\int	$\bigvee$	\bigvee	$\uplus$	\biguplus		
$\oint$	\oint	$\bigwedge$	\bigwedge				

Tabelle 13.5: Symbole mit unterschiedlichen Größen

Kleinbuchstaben

α	\alpha	θ	\theta	o	o	τ	\tau
β	\beta	ϑ	\vartheta	π	\pi	υ	\upsilon
γ	\gamma	ι	\iota	ϖ	\varpi	ϕ	\phi
δ	\delta	κ	\kappa	ρ	\rho	φ	\varphi
ϵ	\epsilon	λ	\lambda	ϱ	\varrho	χ	\chi
ε	\varepsilon	μ	\mu	σ	\sigma	ψ	\psi
ζ	\zeta	ν	\nu	ς	\varsigma	ω	\omega
η	\eta	ξ	\xi				

Großbuchstaben

Γ	\Gamma	Λ	\Lambda	Σ	\Sigma	Ψ	\Psi
Δ	\Delta	Ξ	\Xi	Υ	\Upsilon	Ω	\Omega
Θ	\Theta	Π	\Pi	Φ	\Phi		

Tabelle 13.6: Griechische Buchstaben

Griechische Buchstaben

Tabelle 13.6 zeigt die Kommandos zur Ausgabe griechischer Buchstaben.

Kalligraphische Buchstaben

In Formeln (oder wann immer Sie in den *math-mode* wechseln) können Sie die Buchstaben einer Zierschrift verwenden, die mit der \cal-Anweisung eingeschaltet wird. Diese Schrift kennt nur Großbuchstaben. Die Eingabe von Kleinbuchstaben oder Umlauten bringt nicht das gewünschte Ergebnis. Ein Beispiel: $\mathcal{CARMELA}$ wird als $\cal CARMELA$ eingegeben. Innerhalb von Formeln definieren Sie für einzelne Buchstaben oder Buchstabengruppen kurze Bereiche: $\mathcal{N}(x) = n^f$ geben Sie als ${\cal N}(x) = n^{f}$ ein.

13.5.11 Textelemente in Formeln

Wenn ein kurzer Textteil in eine Formel eingesetzt werden soll, müssen Sie den *math-mode* nicht unbedingt verlassen. Mit dem \mbox-Kommando lassen sich kurze Textabschnitte einschieben, die dann in der Schriftart „roman" gesetzt werden. Der

13.5. Bausteine mathematischer Formeln

$\hat{o}$	\hat{o}	$\acute{o}$	\acute{o}	$\bar{o}$	\bar{o}	$\dot{o}$	\dot{o}
$\check{o}$	\check{o}	$\grave{o}$	\grave{o}	$\vec{o}$	\vec	$\ddot{o}$	\ddot{o}
$\breve{o}$	\breve{o}	$\tilde{o}$	\tilde{o}				

Tabelle 13.7: Akzente in mathematischen Formeln

Text ist als Parameter an \mbox zu übergeben.

$$A = 0 \quad \text{und} \quad BC \neq 0$$

Um in diesem Beispiel das „und" etwas von den anderen Zeichen abzusetzen, wurde es mit der \hspace-Anweisung mit Leerräumen von der Größe 1em (also der Breite des Buchstabens M im aktuellen Zeichensatz) umgeben:

```
\[ A = 0 \hspace{1em}\mbox{und}\hspace{1em} BC \not= 0 \]
```

13.5.12 Akzente

In mathematischen Formeln können spezielle Akzente verwendet werden. Die entsprechenden Kommandos sind in Tabelle 13.7 aufgeführt.

Anstelle der Buchstaben i und j sind \imath und \jmath zu verwenden. Diese Kommandos erzeugen die beiden Buchstaben ohne „Punkte", so daß ihnen problemlos ein Akzentzeichen aufgesetzt werden kann (wie bei $\vec{\imath}$).

Für die Akzente \hat und \tilde existierten dehnbare Pendants, die über mehrere Buchstaben und Symbole erweitert werden können. Die Befehle heißen \widehat und \widetilde; $\widehat{-x}$ wird mit `$\widehat{-x}$` erzeugt.

13.5.13 Funktionsbezeichnungen

Wenn eine Formel eine Funktionsbezeichnung wie „sin" oder „cos" enthält, kann diese nicht direkt eingegeben werden. Die Zeichenkette „cos" wird von LaTeX als das Produkt der Variablen c, o und s interpretiert und entsprechend gesetzt, d.h. in der Schrift *math-italic*. Üblicherweise werden Funktionsbezeichnungen aber in der Schriftart „roman" gesetzt, wie in $\sin \alpha = \frac{\sin a}{\sin c}$. Damit LaTeX diese Bezeichnungen als solche erkennt, wird ihnen ein *backslash* vorangestellt. Die Formel wird demnach so eingegeben:

```
$\sin \alpha = \frac{\sin a}{\sin c}$
```

Tabelle 13.8 zeigt die Funktionsnamen, die LaTeX erkennen kann.

Mit \bmod und \pmod{...} wird der Name der Modulo-Funktion ausgegeben. Dabei erzeugt `$x \bmod y$` den Ausdruck $x \bmod y$ und `$\pmod{x+y}$` den Ausdruck $(\bmod \; x+y)$.

\arccos	\cos	\csc	\exp	\ker	\limsup	\min	\sinh
\arcsin	\cosh	\deg	\gcd	\lg	\ln	\Pr	\sup
\arctan	\cot	\det	\hom	\lim	\log	\sec	\tan
\arg	\coth	\dim	\inf	\liminf	\max	\sin	\tanh

Tabelle 13.8: Funktionsbezeichnungen

Den Funktionen \det, \gcd, \inf, \lim, \limsup, \max, \min, \Pr und \sup können mit _ tiefergestellte Grenzangaben folgen. Eine Grenzwertangabe wie

$$\lim_{h \to 0}$$

ist einzugeben als \[\lim_{h\to 0}\].

13.5.14 Klammern

Die runden und eckigen Klammern, () bzw. [], können Sie direkt über die Tastatur eingeben. Geschweifte Klammern können in Formeln verwendet werden, wenn Ihnen ein *backslash* vorangestellt wird (\{ und \}). Für diese Klammern können außerdem die Kommandos \lbrace und \rbrace verwendet werden.

Mit den genannten Klammertypen erzielt man aber nicht immer befriedigende Ergebnisse, wie die folgende Formel zeigt.

$$x = \tan(\frac{f}{g})$$

Eingegeben wurde \[x = \tan (\frac{f}{g}) \]. Um die Klammern automatisch der Größe ihres Inhaltes anpassen zu lassen, stellt LaTeX das Befehlspaar \left und \right zur Verfügung. Das Kommando wird direkt einem Klammertyp vorangestellt. Um also eine angepaßte, öffnende runde Klammer zu erhalten, schreibt man \right(. Ändert man den Eingabetext der obigen Formel entsprechend ab

    \[x = \tan \left(\frac{f}{g}\right) \]

erhält man ein korrektes Ergebnis:

$$x = \tan\left(\frac{f}{g}\right)$$

Man kann die Kommandos auch schachteln, wie die nächste Formel zeigt.

$$x = 2\left[v\left(\frac{x-1}{x+1} - f(p+n)\right)\right]$$

Hierfür muß die folgende Zeile eingetippt werden.

13.5. Bausteine mathematischer Formeln

(	(	)	)	↑	\uparrow
[	[	]	]	↓	\downarrow
{	\{	}	\}	↕	\updownarrow
⌊	\lfloor	⌋	\rfloor	⇑	\Uparrow
⌈	\lceil	⌉	\rceil	⇓	\Downarrow
⟨	\langle	⟩	\rangle	⇕	\Updownarrow
/	/	\	\backslash		
|	|	‖	\\|		

Tabelle 13.9: Klammertypen und andere anpaßbare Symbole

`\[ x = 2 \left[ v \left( \frac{x-1}{x+1} - f(p+n) \right) \right] \]`

Beachten Sie, daß die beiden Befehle unbedingt paarweise auftreten müssen, d.h zu jedem `\left` muß ein korrespondierendes `\right` existieren. Bei Konstruktionen, die nur *eine* öffnende oder schließende Klammer benötigen, ist die Druckausgabe der betreffenden Klammer durch einen Punkt hinter `\left` oder `\right` zu unterdrücken. Die Ausgabe von

$$\cdots \left. \frac{l(x)}{k(x)} \right\}$$

erreicht man mit `\[ \left. \cdots \frac{l(x)}{k(x)} \right\} \]`.
Das Befehlspaar kann mit den in Tabelle 13.9 aufgeführten Symbolen kombiniert werden.

Mit LaTeX können auch horizontale Klammern gesetzt werden. Der Befehl `\overbrace` setzt eine Klammer über, der Befehl `\underbrace` unter einen Ausdruck.

$$\overbrace{x + y + z}$$

erhält man durch die Eingabe von `\[ \overbrace{x + y +z} \]`. Analog setzt man eine horizontale Klammer unter eine Formel.

$$\underbrace{x + y + z}$$

wird erzeugt durch `\[ \underbrace{x + y +z} \]`. Sie können abgesetzte Formeln, die horizontale Klammern enthalten, auch mit Exponenten und Indizes versehen.

$$a + \underbrace{\overbrace{b + \cdots + y}^{24} + z}_{26}$$

Benutzen Sie hierfür die bereits vorgestellten Befehle ^ und _. Das Beispiel (von Leslie Lamport) zeigt, wie vorzugehen ist:

`\[ \underbrace{a + \overbrace{b + \cdots + y }^{24} + z}_{26} \]`

13.5.15 Bausteine „stapeln"

Mit dem \stackrel-Befehl lassen sich Formelbausteine „stapeln". Die Formel[3]

$$A \stackrel{a'}{\rightarrow} B \stackrel{b'}{\rightarrow} C$$

wird erzeugt mit

```
\[ A \stackrel{a'}{\rightarrow} B \stackrel{b'}{\rightarrow} C \]
```

Mit diesem Verfahren lassen sich z.B. auch Ausdrücke wie $\overrightarrow{PP}$ setzen ($\stackrel{\longrightarrow}{PP}$).

13.6 Felder

Felder sind Tabellen im *math-mode*. Sie werden aufgebaut wie „gewöhnliche" Tabellen[4], jedoch heißt der entsprechende Bereich nicht tabular sondern array. Hier ein Beispiel, in dem gezeigt wird, wie eine Tabelle in eine Formel integriert wird:

$$\left| \begin{array}{cc} a_1 & b_1 \\ a_2 & b_2 \end{array} \right| = a_1 b_2 - a_2 b_1; \left| \begin{array}{ccc} a_1 & b_1 & c_1 \\ a_2 & b_2 & c_2 \\ a_3 & b_3 & c_3 \end{array} \right| \dots$$

Das ist der dazugehörige Quelltext:

```
\begin{displaymath}        % eine abgesetzte Formel
 \left|                     % angepasster linker Begrenzer
 \begin{array}{cc}          % Feld mit zwei zentrierten Spalten
   a_{1} & b_{1} \\         % Spalten werden mit & getrennt, Zeilen mit \\ bee
   a_{2} & b_{2}            % der letzten Tab.-zeile muss kein \\ folgen
 \end{array}                % Ende des Feldes
 \right|                    % rechter angepasster Begrenzer
 = a_{1} b_{2} - a_{2} b_{1};
 \left|
 \begin{array}{ccc}
   a_{1} & b_{1} & c_{1} \\
   a_{2} & b_{2} & c_{2} \\
   a_{3} & b_{3} & c_{3}
 \end{array}
 \right| \dots
\end{displaymath}
```

Im nächsten Beispiel für die Einrichtung eines Feldes wird auch noch einmal gezeigt, wie große, einzelne Klammern zu erzeugen sind.

$$a_{12}^2 - a_{11} a_{12} \begin{cases} < 0 : & \text{Ellipse} \\ = 0 : & \text{Parabel} \\ > 0 : & \text{Hyperbel} \end{cases}$$

---

[3]Das Beispiel stammt von Leslie Lamport.
[4]Siehe Kap 12.2.

Hierfür ist der folgende Text einzugeben.

```
\begin{displaymath}
  a^{2}_{12} - a_{11} a_{12}
  \left\{                    % grosse oeffnende geschweifte Klammer
  \begin{array}{ll}          % ein Feld mit 2 linksbuendigen Spalten
    < 0: & \mbox{Ellipse}  \\ % die sich wiederholende Zeichenfolge
    = 0: & \mbox{Parabel}  \\ % "0:" haette auch mit @{...} einge-
    > 0: & \mbox{Hyperbel}    % fuegt werden koennen.
  \end{array}
  \right.                    % schliessende Klammer unterdruecken
\end{displaymath}
```

Für eine Konstruktion wie

$$pi = \begin{pmatrix} n \\ i \end{pmatrix} \dots$$

kann eine einspaltige Tabelle eingerichtet werden.

```
\[ pi = \left( \begin{array}{c} n \\ i \end{array}\right) \dots \]
```

13.7 Mehrzeilige Formeln

Mehrzeilige Formeln werden in einem tabellenähnlichen Bereich **eqnarray** aufgebaut. Bei diesem Bereich handelt es sich im Grunde um eine dreispaltige Tabelle. Die linke Spalte ist linksbündig, die mittlere zentriert und die rechte rechtsbündig ausgerichtet. Die mittlere Spalte ist für ein einzelnes Symbol (wie =) gedacht. Die Spalten werden durch & getrennt und die Zeilen mit \\ abgeschlossen. Jede Zeile wird von LaTeX automatisch mit einer Nummer versehen. Die Numerierung kann für eine einzelne Zeile mit \nonumber und für das gesamte Gebilde mit einer Befehlsmodifikation durch * unterdrückt werden.

$$
\begin{aligned}
(a+b)^2 &= a^2 + 2ab + b^2 & (13.2)\\
(a-b)^2 &= a^2 - 2ab + b^2 & (13.3)
\end{aligned}
$$

Hierfür ist der folgende Text einzugeben.

```
\begin{eqnarray}
  (a+b)^{2} & = & a^{2}+2ab+b^{2}\\
  (a-b)^{2} & = & a^{2}-2ab+b^{2}
\end{eqnarray}
```

Beachten Sie, daß dieser Bereich nicht in einen **displaymath**-Bereich eingebettet wird (wie das bei Feldern der Fall sein muß).

Diese Tabellenstruktur kann auch für die Konstruktionen von Formeln benutzt werden, die sich über mehrere Zeilen erstrecken:

$$
\begin{aligned}
x &= a+b+c+d+e+f+ & (13.4)\\
  & g+h+i &\\
y &= v+s & (13.5)
\end{aligned}
$$

Wie der Quelltext zeigt, muß die Ausgabe der Nummer in der zweiten Zeile mit \nonumber unterdrückt werden.

```
\begin{eqnarray}
   x & = & a + b + c + d + e + f +\\
     &   & g + h + i \nonumber\\
   y & = & v + s
\end{eqnarray}
```

Bei Formeln, die sich über mehrere Zeilen erstrecken, kann es zu einem kleinen Problem kommen, wenn eine Zeile z.B. mit einem Pluszeichen beginnt, wie bei $+g+h+i$. LaTeX wird dieses Zeichen dann als Vorzeichen, nicht als binären Operator interpretieren und entsprechend setzen. Vorzeichen (wie bei $+x$) werden näher an das folgende Zeichen gerückt als binäre Operatoren (wie bei $y+x$). Um zu verhindern, daß eine neue Formelzeile mit einem falsch gesetzten Operator beginnt, stellen Sie diesem mit \mbox{} eine Pseudovariable voran. Diese wird nicht gedruckt, aber LaTeX kann erkennen, daß es sich bei dem Operator nicht um ein Vorzeichen handelt.

$$\begin{aligned} x & = a+b+c+d+e+f \\ & +g+h+i \end{aligned}$$

Bei diesem Beispiel wurde die Numerierung mit der Befehlsmodifikation durch * unterbunden.

```
\begin{eqnarray*}
   x & = & a + b + c + d + e + f\\
     &   & \mbox{}+ g + h + i
\end{eqnarray*}
```

Beachten Sie, daß zwischen \left ... \right-Paaren kein \\ auftreten darf. Gegebenenfalls sind zwei Paare einzugeben, wobei dann die Ausgabe der schließenden bzw. öffnenden Klammer mit einem Punkt unterdrückt wird (vgl. Seite 107).

Wenn Ihnen die Art des Umbruchs nicht zusagt, können Sie die zweite und die folgenden Zeilen etwas weiter links plazieren lassen,

$$\begin{aligned} a+b+c = & \\ d+e+f+g+h+ & \\ i+j+k+l+m & \end{aligned}$$

indem Sie den nach links eingerückten Ausdruck der Formel in einer separaten Zeile mit \lefteqn kennzeichnen. Die nachfolgenden Zeilen werden wie gewohnt eingegeben.

```
\begin{eqnarray*}
   \lefteqn{a + b + c =}   \\
   & & d + e + f + g + h + \\
   & & i + j + k + l + m
\end{eqnarray*}
```

13.8. Nachformatierung von Formeln

Kommando	Funktion	Beispiel	Wirkung
\\,	kleiner zusätzlicher Zwischenraum	\$xxx\\,yyy&	$xxx\,yyy$
\\:	mittlerer zusätzlicher Zwischenraum	\$xxx\\:yyy&	$xxx\:yyy$
\\;	größerer zusätzlicher Zwischenraum	\$xxx\\;yyy&	$xxx\;yyy$
\\!	Verringerung des normalen Zwischenraumes	\$xxx\\!yyy&	$xxx\!yyy$

Tabelle 13.10: Abstandsbefehle in Formeln

Der Einzug ab der zweiten Zeile kann mit dem \hspace-Kommando variiert werden. Der Befehl ist vor der ersten Zeilenschaltung einzufügen. Die erste Zeile könnte z.B. so aussehen: \lefteqn{a+b+c=} \hspace{1cm}\\. Negative Werte reduzieren den Einzug.

13.8 Nachformatierung von Formeln

LaTeX setzt Ihre Formeln, wie es ein professioneller Setzer tun würde. Es gibt also normalerweise keinen Grund, hier einzugreifen. Zwei Änderungen können bisweilen jedoch notwendig werden: der Einschub zusätzlicher Leerräume und die Veränderung der Schriftart.

13.8.1 Änderung von Abständen

Im *math-mode* ignoriert LaTeX die Leerzeichen, die Sie eingeben: a+b ergibt kein anderes Resultat als a + b. Bei der Aneinanderreihung von Variablen werden Leerräume entfernt, weil LaTeX davon ausgeht, daß es sich um ein Produkt handelt: aus a b c wird *abc*. In einigen Fällen ist das nicht korrekt. Wenn Sie z.B. y dx eingeben[5], macht das Programm ydx daraus, obwohl wahrscheinlich $y\,dx$ gemeint ist. Weil LaTeX solche Feinheiten nicht erkennen kann, müssen Sie dafür von Hand einen kleinen Zwischenraum einschieben. Tabelle 13.10 zeigt die Befehle, mit denen sich die Standardabstände verändern lassen.

13.8.2 Änderung der Schriftart

Auch in Formeln kann die Schriftart mit den bekannten Befehlen gewechselt werden (vgl. S.24). Der Wechsel wirkt sich freilich nur auf Ziffern, Buchstaben und große griechische Buchstaben aus, nicht auf Symbole und kleine griechische Buchstaben. Letztere können aber mit der \boldmath-Anweisung fett gesetzt werden. Teile einer Formel, die fett gesetzt werden sollen, müssen in einen \mbox-Bereich eingefaßt und *dort* mit \$ als Formeln gekennzeichnet werden.

$$x = y + 2\omega + v$$

wird als

---

[5] Beispiel von Leslie Lamport.

```
\[ x = y + \mbox{\boldmath$2 \omega$} + v \]
```

eingegeben. Um eine komplette Formel fett setzen zu lassen, schalten Sie vor dem Wechsel in den *math-mode* auf \boldmath um, und deaktivieren diese Einstellung mit \unboldmath nach der Rückkehr in den Textmodus wieder.

Wie die folgende Formel einzugeben ist, zeigt der rechts stehende Quelltext.

$$A = \pi r^2$$

```
\boldmath
\[ A = \pi r^{2} \]
\unboldmath
```

Beachten Sie, daß die Ausgabe von Exponenten und Indizes sowie von Symbolen mit unterschiedlicher Größe (vgl. Kap.13.5.10) von \boldmath nicht beeinflußt wird. Das gilt auch für Klammern und Symbole, die mit \left und \right erzeugt wurden und für die Zeichen + : ; ! ? ( ) [ ].

Einige Zeichen werden intern aus zwei Zeichen zusammengesetzt. Z.B. wird $\Longrightarrow$ (\Longrightarrow) aus = und $\Rightarrow$ erzeugt. Diese Zeichen sollen nicht fett gesetzt werden. In Formeln, die komplett mit \boldmath formatiert wurden, können solche Elemente mit ...\mbox{\unboldmath$\Longrightarrow$}... von der Formatierung ausgenommen werden.

13.8.3 Änderung der Schriftgröße

Im *math-mode* werden standardmäßig folgende Schriftarten verwendet.

display	für normale Zeichen in abgesetzten Formeln
text	für normale Zeichen in Formeln innerhalb von Textblöcken
script	für Indizes und Exponenten
scriptscript	für Indizes von Indizes, Exponenten von Exponenten
	z.B. bei a^{x^2} (einzugeben als a^{x^{2}})

Diese Schriften können in Formeln mit den Befehlen \displaystyle, \textstyle, \scriptstyle und \scriptscriptstyle direkt ausgewählt werden. Ein Exponent kann z.B. durch Voranstellen von \scriptscriptstyle etwas kleiner gesetzt werden.

$$a^2 = b^2 + c^2$$

Diese Ausgabe wird mit dem folgenden Eingabetext erreicht.

```
\[a^{\scriptscriptstyle{2}}=b^{\scriptscriptstyle{2}}+c^{\scriptscriptstyle{2}}\]
```

Kapitel 14

Textboxen und Rahmen

> *Dieses Kapitel zeigt Ihnen, wie sogenannte Boxen zu definieren sind. Boxen sind Textobjekte, die Sie zum Beispiel nebeneinander setzen oder mit Rahmen versehen können. Da Textboxen außerdem beinahe nach Belieben angeordnet werden können, lassen sich mit ihnen markante Textpassagen wirkungsvoll hervorheben. Grafiken können, wie das nachfolgende Kapitel zeigt, ebenfalls in Boxen eingeschlossen und dann neben Textboxen plaziert werden.*

LaTeX kennt zwei Arten von Textboxen. Einfache Boxen beinhalten kleine Texteinheiten — üblicherweise nicht mehr als ein paar Worte. Diese Boxen werden von LaTeX wie ein Buchstabe behandelt, d.h es gibt in ihnen weder einen Zeilen-, noch einen Seitenumbruch. Absatzboxen — der zweite Typ — sind Texteinheiten, die wie kleine Seiten (*minipages*) gesetzt werden. Wenn man z.B. einen einzelnen Absatz sehr schmal formatieren will, um rechts daneben eine Formel darzustellen, wird man diese beiden Elemente als Absatzbox deklarieren und nebeneinander positionieren. Um beide Typen von Textobjekten können Rahmen gezogen werden.

14.1 Boxen

14.1.1 Boxen erzeugen

Der \mbox-Befehl schließt einen Text in eine Box ein, so daß er vor jeder Art von Umbruch geschützt ist. Wenn Sie z.B. verhindern wollen, daß „MS-DOS V.5.0" umbrochen wird, geben Sie \mbox{MS-DOS V.5.0} ein.

Das Kommando \makebox unterscheidet sich von \mbox durch zwei optionale Parameter, die man ihm übergeben kann: zum einen die Breite der Box und zum anderen die Ausrichtung des Textes in dieser Box. Die Befehlssyntax ist

\makebox[Breite][Ausrichtung]{Text}

Standardmäßig wird der Text in diesen Boxen zentriert. Die Ausrichtung des Textes kann aber mit den Kürzeln l und r für Links- bzw. Rechtsbündigkeit festgelegt werden. Bei der Breitenangabe wird eine der bekannten Maßeinheiten (siehe Seite 10) verwendet. Hierzu ein einfaches Beispiel. Der folgende Eingabetext

```
Text \makebox[4cm]{zentriert} Text \\
Text \makebox[4cm][l]{linksb"undig} Text \\
Text \makebox[4cm][r]{rechtsb"undig} Text \\
```

erzeugt diese Ausgabe:

Text   zentriert   Text
Text linksbündig   Text
Text   rechtsbündig Text

14.1.2 Boxen speichern

Eine Box kann wie eine Art Textbaustein am Textbeginn hinterlegt und später abgerufen werden.[1] Mit \newsavebox{\Name} wird LaTeX zunächst mitgeteilt, daß unter „Name" eine Box hinterlegt werden soll. Dann wird der Inhalt der Box mit

\savebox{\Name}[Breite][Ausrichtung]{Text}

dem vergebenen Namen zugeordnet. Der Text kann dann mit \usebox{\Name} abgerufen werden. Wenn Sie eine Box hinterlegen möchten, die keine Maßangaben benötigt, verwenden Sie statt \savebox den Befehl \sbox. Sinnvoll ist der Einsatz solcher Bausteine, wenn eine Box immer wieder im Text verwendet wird. Hier ein Beispiel für das Speichern und Abrufen von „MS-DOS V.5.0" als Box.

```
...
\newsavebox{\msdos}                 % Name festlegen
\sbox{\msdos}{MS-DOS V.5.0}         % Inhalt dem Namen zuordnen
...                                 % ab jetzt ist der Abruf moeglich
das Betriebssystem \usebox{\msdos} f"ur Personalcomputer
...
```

14.1.3 Boxen hoch- und tiefstellen

Textboxen jeder Art können mit dem \raisebox-Kommando im Verhältnis zur Grundlinie der jeweiligen Zeile angehoben bzw. abgesenkt werden. Der letzte Satz wurde folgendermaßen eingegeben:

```
...
im Verh"altnis zur Grundline der jeweiligen Zeile
\raisebox{0.5ex}{angehoben} bzw.\ \raisebox{-0.5ex}{abgesenkt} ...
```

---

[1]Die entsprechenden Anweisungen sollten nur zum Speichern von Boxen benutzt werden. Reine Textbausteine sollten Sie mit dem \newcommand-Befehl anlegen (siehe Kapitel 17).

Mit dem ersten Parameter wird angegeben, wie weit die Grundlinie des Textes von der der Umgebung abweichen soll. Ein positiver Wert hebt den Text an, ein negativer senkt ihn ab. Auf diese Weise lassen sich beliebig variierbare Hoch- und Tiefstellungen erreichen. XTree^{tm} ist beispielsweise einzugeben als

```
XTree\raisebox{0.7ex}{\scriptsize\sf tm}
```

14.2 Absatzboxen

Absatzboxen und sog. *minipages* dienen der Aufnahme etwas längerer Textpassagen. Ihr Inhalt wird von LaTeX umbrochen. Die Box selbst kann aber nicht durch einen Seitenumbruch zerstört werden. Eine Absatzbox wird mit dem Befehl \parbox aufgebaut, dem die Breite der Box und ihr Inhalt als Parameter übergeben wird.

Auch Absatzboxen sind Textobjekte, die LaTeX wie eine Einheit, wie einen einzelnen Buchstaben, behandelt. Daraus erklärt sich, warum das folgende Beispiel zu dem gezeigten Druckergebnis führt. Die linke Box wird praktisch wie ein großer Buchstabe gesetzt, dann folgt der Rest der Zeile, die dann mit einer weiteren Box abgeschlossen wird. Es folgt der Quelltext, dann die Druckausgabe.

```
\parbox{5cm}{Das ist die linke Absatzbox. Das ist die linke
Absatzbox. Das ist die linke Absatzbox. Das ist die linke
Absatzbox.}
Das ist keine Box
\parbox{5cm}{Das ist die rechte Absatzbox. Das ist die rechte
Absatzbox. Das ist die rechte Absatzbox. Das ist die rechte Absatzbox.}
```

Das ist die linke Absatzbox.
Das ist die linke Absatzbox. Das ist keine Box
Das ist die linke Absatzbox.
Das ist die linke Absatzbox.

Das ist die rechte Absatzbox.
Das ist die rechte Absatzbox.
Das ist die rechte Absatzbox.
Das ist die rechte Absatzbox.

Einer Absatzbox muß keine zweite oder eine „normale" Textzeile folgen. Eine einzelne schmale Box kann man z.B. verwenden, wenn man später ein Bild neben einem Text einkleben will. Beachten Sie, daß bei schmalen Boxen häufiger getrennt werden muß (lesen Sie zu dieser Problematik Kapitel 2.13).

Man erkennt an dem obigen Beispiel, daß Absatzboxen standardmäßig gegenüber der übrigen Zeile in Längsrichtung zentriert werden. Der \parbox-Befehl kennt einen weiteren optionalen Parameter, der die Positionierung der Box im Verhältnis zur übrigen Zeile festlegt. Die Syntax des kompletten Befehls lautet

```
\parbox[Positionierung]{Breite}{Text}
```

Übergibt man für die Positionierung ein b, wird die unterste Zeile der Box auf der Grundlinie der Zeile liegen. Ein t bewirkt, daß die oberste Zeile der Box auf der Grundlinie der Zeile liegt. Dazu ein kurzes Beispiel:

Das ist die rechte Absatzbox.
Das ist die rechte Absatzbox.
Das ist die rechte Absatzbox.
Das ist die linke Absatzbox. Das ist keine Box Das ist die rechte Absatzbox.
Das ist die linke Absatzbox.
Das ist die linke Absatzbox.
Das ist die linke Absatzbox.

```
\parbox[t]{5cm}{Das ist die linke ... Absatzbox.}
Das ist keine Box
\parbox[b]{5cm}{Das ist die rechte ... Absatzbox.}
```

Sie können Absatzboxen und *minipages*, auf die gleich eingegangen wird, auch mit dem \raisebox-Befehl (Seite 114) positionieren. Diese Boxen bzw. Bereiche werden dann in das zweite geschweifte Klammerpaar des Befehls eingesetzt. Schematisch läßt sich die vertikale Bewegung dieser Boxen so darstellen:

```
\raisebox{x}{      % Anheben oder Absenken der Box um x Einheiten
   \parbox[Positionierung]{Breite}{
      ... Inhalt der Box ...
   }
}
```

Komplexere Textteile, die mehrere Absätze, Absatzformatierungen oder Tabulatoren enthalten, sollten nicht in Absatzboxen, sondern in einem Bereich minipage untergebracht werden. Beim Aufbau des Bereiches werden zwei Parameter angegeben: zunächst die (optionale) Ausrichtung der Box, dann ihre Breite.

```
\begin{minipage}{6cm}
   Komplexere Textteile, die mehrere Abs
   Absatzformatierungen oder Tabulatoren
   enthalten, sollten nicht in Absatzbox
   sondern in einem Bereich {\tt minipag
   untergebracht werden. Beim Aufbau des
   Bereiches werden zwei Parameter
   angegeben: zun"achst die
   ...
\end{minipage}
```

Die zwei *minipages*, die Sie hier sehen, wurden durch den Einschub eines Leerraumes mit \hspace etwas auseinandergerückt. Die obige Konstruktion wurde folgendermaßen eingegeben:

```
\begin{minipage}{6cm}      % erste Box
   ...                     % Inhalt
\end{minipage}
\hspace{0.2cm}             % Zwischenraum
\begin{minipage}{6cm}      % zweite box
   ...                     % Inhalt
\end{minipage}
```

14.3 Absatzboxen und Fußnoten

Wenn in einem minipage-Bereich eine Fußnote eingegeben wird, setzt LaTeX diese an den Fuß dieser Textbox. Wenn das nicht erwünscht ist, kompliziert sich die Angelegenheit ein wenig. Statt des \footnote-Befehls müssen Sie das Anweisungspaar \footnotemark und \footnotetext benutzen. Mit \footnotemark erzeugen Sie ein Fußnotenzeichen (also eine korrekte, hochgestellte Nummer), mit \footnotetext lassen Sie den Text dann außerhalb der Box ausgeben. Das Problem ist, daß \footnotetext den Fußnotenzähler im Gegensatz zu \footnotemark nicht manipulieren kann. Wenn Sie z.B. in Ihrem minipage-Bereich zwei Fußnotenzeichen mit \footnotemark erzeugt haben, steht der Zähler auf zwei. Mit \footnotetext würde dann die erste Fußnote ausgegeben, aber ihr würde eine „2" vorangestellt — ebenso wie der folgenden Fußnote. Deswegen muß der Fußnotenzähler zuerst auf den korrekten Wert zurückgesetzt und dann nach jeder Ausgabe mit \footnotetext erhöht werden. Der Fußnotenzähler wird mit dem \addtocounter-Kommando verändert. Mit dem gleichen Verfahren werden Fußnoten in Tabellen eingefügt. Der Beispieltext zeigt, wie vorzugehen ist.

```
\begin{minipage}{6cm}         % dies koennte auch ein
...                            % Tabellenbereich sein
  Bereiches werden zwei Parameter\footnotemark angegeben: zun"achst
  die (optionale) Ausrichtung\footnotemark, dann die Breite.
...
\end{minipage}                % Ende des Bereichs

\addtocounter{footnote}{-1}   % Fussnotenzaehler zuruecksetzen
\footnotetext{Parameter sind  % Ausgabe des ersten Fussnoten-Textes
   zus"atzliche ...           % am unteren Seitenrand
\addtocounter{footnote}{1}    % Zaehler weitersetzen
\footnotetext{Ausrichtung ... % Text der zweiten Fussnote

Und hier beginnt der normale  % die im normalen Text eingegebene
Text \footnote{...            % Fussnote erhaelt automatisch
                              % eine korrekte Nummer.
```

14.4 Rahmen

14.4.1 Worte und Absätze rahmen

Eine Texteinheit kann mit dem \framebox- oder dem \fbox-Kommando umrahmt werden. Mit \fbox ziehen Sie einen Rahmen um den als Parameter übergebenen Text. Die Größe des Rahmens wird automatisch an die Größe des Textes angepaßt. Dem \framebox-Befehl wird in Parameterform die Breite des Rahmens und die Ausrichtung des Textes im Rahmen angegeben.

Dieses Wort wurde umrahmt. In dem nächsten, etwas größeren Rahmen steht rechtsbündig ein Wort.

Es folgt der Quelltext für den dieses Beispiel.

```
\fbox{Dieses Wort} wurde umrahmt. In dem n"achsten, etwas
gr"o"seren Rahmen steht rechtsb"undig \framebox[3cm][r]{ein Wort}.
```

Ein mehrzeiliger Absatz kann nicht an \fbox übergeben werden. Um einen kompletten Absatz einzurahmen, deklarieren Sie ihn als Absatzbox und übergeben diese an \fbox.

> Dieser mehrzeilige Absatz wurde zunächst als Absatzbox deklariert und dann umrahmt. Außerdem wurde die Absatzbox zentriert.

Der eingerahmte Absatz wurde folgendermaßen eingegeben:

```
\begin{center}                    % die fogende Box zentrieren
  \fbox{                          % und umrahmen
    \parbox{13cm}{                % eine 13 cm breite Box
       Dieser mehrzeilige Absatz ...
    }
  }
\end{center}
```

Wenn Sie einen solchen eingerahmten Absatz wiederum an \fbox übergeben,

```
\begin{center} % doppelt eingerahmte, zentrierte Box
  \fbox{
    \fbox{
      \parbox{6cm}{
         Absatz mit doppelter Umrahmung.
      }
    }
  }
\end{center}
```

erhalten Sie eine doppelte Umrahmung. Die Einrückungen sollen hier die Befehlsverschachtelung hervorheben. In der Praxis sind sie nicht notwendig.

14.4.2 Formeln rahmen

Abgesetzte Formeln können eingerahmt werden, wie das Beispiel auf der rechten Seite zeigt. Beachten Sie, daß die Formel als Textformel (!) deklariert wurde, dann eingerahmt und schließlich in einen displaymath-Bereich gesetzt wurde.

$$x = \sqrt[3]{\frac{y}{v-t}} + \phi$$

Es folgt der eingegebene Text.

```
\begin{displaymath}
  \fbox{
    $x = \sqrt[3]{\frac{y}{v-t}} + \phi $
  }
\end{displaymath}
```

14.4. Rahmen

Wie die obige Anordnung zeigt, können Formeln auch in Absatzboxen untergebracht werden, um sie neben einen Text zu setzen. Der Quelltextauszug zeigt, was einzugeben ist:

```
\parbox{7.5cm}{
    Abgesetzte Formeln k"onnen eingerahmt werden,
    ...
    {\tt displaymath}-Bereich gesetzt wurde.
}
\parbox{6cm}{
  \begin{displaymath}
    \fbox{
       $x = \sqrt[3]{\frac{y}{v-t}} + \phi $
    }
  \end{displaymath}
}
```

Wenn die Formel numeriert werden soll, ist sie statt in einen `displaymath`-Bereich in einen `equation`-Bereich einzufügen.

14.4.3 Rahmen formatieren

Der Abstand zwischen Rahmen und Textblock kann mit \fboxsep verändert werden (z.B. \fboxsep1cm). Die Liniendicke legen Sie mit \fboxrule fest (z.B. zieht \fboxrule2mm eine relativ fette Linie).

14.4.4 Flächen

Mit dem Kommando \rule lassen sich Flächen (und damit auch Linien) bestimmbarer Größe erzeugen wie ▬. Hierfür wurde \rule{10mm}{2mm} eingegeben. Dem Befehl wird als Parameter Breite und Höhe übergeben und optional, um welchen Betrag die Fläche von der Grundlinie der Zeile abzuheben ist. ⌐ erzeugt man mit

```
\rule[-2mm]{1mm}{1mm}\rule[-1mm]{1mm}{1mm}\rule{1mm}{1mm}%
\rule[1mm]{1mm}{1mm}\rule[2mm]{1mm}{1mm}
```

Das %-Zeichen entfernt den Leerschritt, der durch den Zeilenumbruch im Eingabetext hervorgerufen würde.

Es ist möglich, Flächen der Breite 0cm und einer bestimmten Höhe zu definieren. Das kann man sich bei Umrahmungen zunutze machen. Der \fbox-Befehl zieht Rahmen um komplette *Objekte*. Wenn man nun den an \fbox übergebenen Text mit einer solchen unsichtbaren Fläche versieht, kann man die Höhe des Rahmens beeinflussen, was sonst nicht möglich ist. Z.B. läßt sich dadurch ein Rahmen um eine Formel etwas großzügiger gestalten. Das wird mit dem nächsten Beispiel gezeigt.

$$a = \sqrt{b^2 + c^2}$$

Um den etwas breiteren Rahmen zu erhalten, wurde zusätzlicher Leerraum mit \hspace eingefügt. Außerdem wurde das ganze Gebilde zentriert:

```
\begin{center}
  \begin{displaymath}
    \fbox{
      \rule[-1cm]{0cm}{2cm}\hspace{0.5cm}$a =
      \sqrt{b^{2}+c^{2}}$\hspace{0.5cm}
    }
  \end{displaymath}
\end{center}
```

Kapitel 15

Grafiken

> Mit LaTeX lassen sich auch einfache Grafiken und Diagramme zeichnen. Die Grafiken werden dadurch erzeugt, daß verschiedene Arten grafischer Objekte auf einem frei definierbaren, bei der Druckausgabe nicht sichtbaren, Koordinatensystem angeordnet werden.
>
> Die Erstellung einer Grafik besteht aus zwei Arbeitsschritten: zuerst wird das Koordinatensystem definiert, dann werden die Bildobjekte darauf angeordnet.

15.1 Definition des Koordinatensystems

Die Grafikbefehle sind ausschließlich in einem Bereich `picture` wirksam. Sie beziehen sich stets auf Punkte in einem von Ihnen definierten Koordinatensystem. Mit dem Grafikbefehl \put weisen Sie LaTeX z.B. an, ein Objekt an einem bestimmten Koordinatenpunkt in diesem System zu plazieren.

Zuvor muß LaTeX allerdings wissen, wie dieses Koordinatensystem beschaffen ist, d.h. wie groß es insgesamt ist, und wie groß eine Einheit dieses Systems ist. Da die Größe des Systems als Vielfaches der Grundeinheit anzugeben ist, besteht der erste Schritt darin, die Größe einer Einheit festzulegen. Der Befehl

```
\unitlength0.5cm
```

definiert beispielsweise eine Grundeinheit von 0,5 Zentimetern. Positions- und Größenangaben beziehen sich stets auf diese Grundeinheit. Die Größe einer Grundeinheit darf innerhalb eines Textes, aber nicht innerhalb einer Grafik gewechselt werden.

Wie die Grundeinheit zu dimensionieren ist, hängt von der Art der Grafik ab — allgemeingültige Empfehlungen können hier nicht gegeben werden. Bei Grafiken oder Diagrammen mit zahlreichen Details, die eine sehr exakte Anordnung verlangen, sollten eher kleine Grundeinheiten (etwa 1mm) gewählt werden, bei einfachen Grafiken etwas größere (etwa 0.5cm).

Wenn der Bereich für die Grafik mit \begin{picture} eingeleitet wird, müssen Sie die Ausdehnung des gesamten Koordinatensystems in horizontaler und vertikaler

Richtung angeben. Diese Angaben werden von LaTeX als Vielfaches der Grundeinheit interpretiert.

```
\unitlength0.5cm        % Definition der Einheitsgroesse
\begin{picture}(5,5)    % Grafikbereich mit Koordinatensystem
  ...
\end{picture}
```

Hier wurde ein leeres Koordinatensystem mit den Abmessungen 5 × 5 Grundeinheiten erzeugt, wobei jede Einheit 0,5 Zentimeter lang ist. Die Abbildung rechts zeigt schematisch das mit dem obigen Befehl erzeugte Koordinatenkreuz. Beachten Sie, daß die Größenangaben für das Koordinatensystem in *runde* Klammern eingegeben werden. Wenn Sie die Größe der Grundeinheit nachträglich verändern, „zoomen" Sie damit das Koordinatenkreuz.

Sie können `picture`-Bereiche zentrieren, indem Sie sie in `\begin{center}` und `\end{center}` einfassen. Außerdem können sie, wie die obige Anordnung zeigt, auch als *minipages* (vgl. Seite 116) neben den Text geschoben werden. Im übrigen können Grafiken ihrerseits Grafiken enthalten, worauf hier aber nicht weiter eingegangen wird.

Der `\begin{picture}`-Anweisung kann optional ein zweites Parameterpaar übergeben werden. Die beiden Werte definieren den Nullpunkt des Koordinatensystems. Wenn Sie ein Koordinatenkreuz mit `\begin{picture}(5,5)` definieren, plazieren Sie ein Objekt mit `\put(0,0)` exakt auf dem Nullpunkt — also in der linken unteren Ecke. Mit dem optionalen Parameterpaar legen Sie die Koordinaten des Nullpunktes explizit fest. Die Anweisung

```
\begin{picture}(5,5)(1,1)
```

definiert ein Koordinatenkreuz mit einer Seitenlänge von fünf Einheiten, wobei der Nullpunkt die Koordinaten (1,1) hat. Die obere rechte Ecke hat aufgrund dessen nicht die Koordinaten (5,5) sondern (6,6). Welchen Sinn hat diese Option? Sie gibt Ihnen die Möglichkeit, nachträglich alle Objekte der Grafik zu verschieben, ohne dafür jede einzelne `\put`-Anweisung verändern zu müssen. Das Anfügen des zweiten Parameterpaares (1,1) bewirkt ein Verschieben aller Objekte um eine Einheit nach unten und eine Einheit nach links.

15.2 Grafikobjekte plazieren

Die Bausteine einer Grafik werden mit dem `\put`-Befehl auf dem Koordinatensystem angeordnet. Der Befehl besteht aus zwei Komponenten: aus der Ortsangabe (in Form von Koordinaten) und dem eigentlichen Objekt. Auch hier werden die Koordinaten in *runden* Klammern eingegeben. Bezugspunkt ist der Nullpunkt des Systems, also dessen linke untere Ecke. Die Syntax des Befehls lautet:

```
\put(x,y){Objekt}
```

Wenn Sie Nachkommastellen angeben, verwenden Sie einen Dezimalpunkt, aber kein Komma (z.B. bei `\put(3.5,4){...}`). Es sind übrigens auch negative Werte zulässig — das Objekt wird dann außerhalb des Koordinatenkreuzes an der korrekten Position angeordnet.

15.3 Grafikobjekte

15.3.1 Text und Textboxen

Einfacher Text

„Ein Text" wird mit der Anweisung

```
\put(1,2){Ein Text}
```

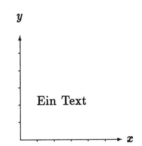

an der Position 1 (x-Achse), 2 (y-Achse) plaziert. Hier die schematische Darstellung innerhalb des Koordinatensystems. Das abgedruckte Koordinatenkreuz dient hier nur der Veranschaulichung, es wird nicht ausgedruckt.

Textboxen

Text kann auch als Box in einen Grafikbereich eingesetzt werden. Der Text wird dafür als Parameter an `\makebox` oder `\framebox` übergeben und diese wiederum an `\put`. Im Gegensatz zu `\makebox` rahmt `\framebox` den Text ein. Bei beiden Befehlen müssen Sie, wiederum in *runden* Klammern, die Ausdehnung der Box in x- und y-Richtung angeben. Angenommen, ein gerahmter Text soll an der Position (1,1) des Koordinatensystems plaziert werden. Die eingerahmte Box soll eine Breite von drei Einheiten und eine Höhe von zwei Einheiten aufweisen. Dann ist das Folgende einzugeben:

```
\put(1,1){\framebox(3,2){TEXT}}
```

Innerhalb einer Box wird der Text standardmäßig zentriert. Mit einem optionalen Parameter kann eine andere Position des Textes erreicht werden. Die vollständige Syntax des `\framebox`-Befehls sieht also so aus:

```
\framebox(Breite,Hoehe)[Position]{Inhalt}
```

Als Positionsangabe können Sie Kürzel verwenden. Wo der Text mit welchen Kürzeln angeordnet wird, zeigt die nebenstehende Grafik.

Wenn Sie Textelemente in einen durchbrochenen Rahmen setzen möchten, verwenden Sie den \dashbox-Befehl. Diesem Befehl wird als zusätzlicher Parameter die Länge der Striche (in Grundeinheiten) mitgegeben. Hier ein Beispiel:

```
\put(1,1){\dashbox{0.5}(3,3){TEXT}}
```

Die Striche sind eine halbe Grundeinheit lang. Leslie Lamport empfiehlt, die Höhe und Breite der Box als Vielfaches der Strichlänge zu wählen, um ein möglichst ansprechendes Ergebnis zu erzielen.

Textstapel

Bei der Beschriftung von Diagrammen ist es bisweilen notwendig, mehrere Worte oder Buchstaben übereinander anzuordnen, wie im folgenden Beispiel. Hierfür wird der \shortstack-Befehl benutzt. Der Stapel auf der rechten Seite wurde mit der Anweisungssequenz

```
\put(1,1){\shortstack[c]{Das\\ist\\ein\\Stapel}}
```

erzeugt. Sie erkennen, daß die einzelnen Zeilen durch \\ getrennt wurden. Der optionale Parameter dient der Ausrichtung des Textes. Mit [c] wird der Text zentriert, [l] setzt ihn links- und [r] rechtsbündig.

Größere Textpassagen können auch in Absatzboxen (vgl. Seite 115) eingeschlossen und dann in die Grafik eingesetzt werden.

15.3.2 Linien

Linien werden gezogen, indem LaTeX mit einer \put-Anweisung zunächst eine Ursprungskoordinate angegeben wird. Dann wird festgelegt, wieviele Einheiten auf der x und auf der y Achse zurückzulegen sind, um einen Punkt zu finden, den die Linie kreuzen soll. Damit hat man ihre Richtung bzw. Steigung vorgegeben. Schließlich ist ihre Länge — als Vielfaches der Grundeinheit — anzugeben. Hier die Befehlssyntax:

```
\put(x,y){\line(Richtung-x-Achse,Richtung-y-Achse){Laenge}}
```

Mit der folgenden Anweisung wird eine fünf Einheiten lange, horizontale Linie entlang der x-Achse gezogen.

```
        \put(0,0){\line(1,0){5}}
```

LaTeX wurde damit angewiesen, am Nullpunkt des Koordinatensystems anzusetzen und eine fünf Einheiten lange Linie durch den Punkt (1,0) zu ziehen. Um eine vertikale Linie entlang der y-Achse zu ziehen, ist

```
        \put(0,0){\line(0,1){5}}
```

einzugeben. Eine geneigte Linie wird mit dem gleichen Verfahren erzeugt. Dabei definieren die Richtungsangaben die Steigung der Linie.

```
        \put(1,1){\line(3,2){4}}  % steigende Line
```

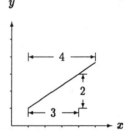

Die Längenangabe beschreibt bei geneigten Linien die an der x-Achse gemessene Länge der auf diese Achse projizierten Linie. Die folgende Grafik zeigt, wie sich die mit der obigen Anweisung gezeichnete Linie im Koordinatenkreuz darstellt.

Fallende Linien erhalten Sie mit negativen Werten für die Steigung:

```
        \put(1,1){\line(3,-2){4}}  % eine fallende Line
```

LaTeX kann nicht jede beliebige steigende bzw. fallende Linie setzen. Bei der Angabe von Steigung und Länge ist folgendes unbedingt zu beachten:

▷ Die Steigung muß mit ganzzahligen Wertepaaren angegeben werden. Die Werte dürfen zwischen -6 und $+6$ liegen.

▷ Die beiden Werte dürfen keinen gemeinsamen Teiler > 1 haben.

▷ Die Linie muß mindestens 10pt (etwa 3,5 mm) lang sein.

15.3.3 Pfeile

Pfeile werden mit dem gleichen Verfahren erzeugt wie Linien. Pfeile beginnen an der mit \put angegebenen Ursprungskoordinate und deuten in die durch die Richtungswerte vorgegebene Richtung. Die nächste Grafik soll das verdeutlichen.

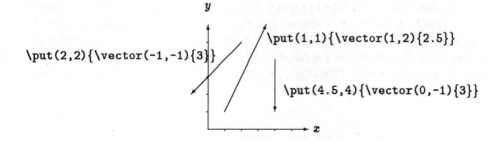

Beachten Sie, daß auch für den \vector-Befehl Restriktionen gelten: Die Wertepaare für die Steigung dürfen keinen gemeinsamen Teiler > 1 haben, es müssen ganze Zahlen im Bereich −4 bis +4 sein, und schließlich muß der Pfeil länger als 3,5 mm sein.

15.3.4 Kreise und Kreisflächen

Kreise werden mit dem \circle-Kommando gezeichnet. Der Mittelpunkt des Kreises wird mit der \put-Anweisung festgelegt. Der Kreisdurchmesser wird als Parameter an \circle übergeben. Die Befehlsmodifikation mit * bewirkt ein Ausfüllen des Kreises.

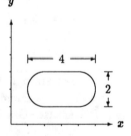

```
\put(2,2){\circle{2}}
\put(4,2){\circle*{1}}
```

Beachten Sie, daß LaTeX nur ein begrenztes Repertoire von Kreisdurchmessern anbieten kann: der maximale Durchmesser liegt bei Kreisen bei etwa 14mm und bei Kreisflächen bei etwa 5,3mm.

15.3.5 Gerundete Ecken

Mit der \oval-Anweisung kann ein Rechteck mit abgerundeten Ecken gezeichnet werden. Mit \put wird der *Mittelpunkt* des Rechtecks festgelegt. Dem \oval-Befehl wird als Parameter die Breite und Höhe des gesamten Objektes übergeben. In der folgenden Grafik wurde das Rechteck mit \put(3,2){\oval(4,2)} erzeugt.

Die Teile eines solchen Rechtecks können auch „einzeln" verwendet werden. Hierfür wird an \oval ein optionaler Parameter übergeben. Dieser besteht aus Kürzeln, die die gewünschte Komponente beschreiben. Dabei steht l für den linken, r für den rechten, t für den oberen und b für den unteren Teil des Objektes. Die Parameter können kombiniert werden. Beachten Sie, daß die eckige Klammer *hinter* den Befehl zu setzen ist.

Bei der nebenstehenden Grafik wurde der rechte obere Teil eines Rechtecks mit gerundeten Ecken verwendet. Hierfür wurde

\put(3,3){\oval(3,2)[tr]}

eingegeben. Der Pfeil wurde dann mit

\put(4.5,3){\vector(0,-1){1}}

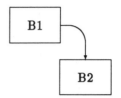

erzeugt. Für die beiden Kästen wurde die \framebox-Anweisung verwendet.

15.4 Objekte vervielfältigen

Wenn identische Objekte mehrfach hintereinander ausgegeben werden sollen, ist es nicht nötig, diese auch wiederholt einzugeben. Der \multiput-Befehl wiederholt die Ausgabe, so oft dies gewünscht wird.

```
\begin{picture}(6,6)
    \multiput(1,1)(1,1){5}{$\diamond$}
\end{picture}
```

Mit dem ersten Klammerpaar wird der Ausgangspunkt der Reihe festgelegt. Im zweiten wird angegeben, in welchen Abständen (in Richtung der x- und der y-Achse) die Wiederholung erfolgen soll. Schließlich werden die Anzahl der Wiederholungen und das Objekt selbst angegeben. Im Beispiel wurde das mathematische Symbol ◇ fünfmal wiederholt. Das erste Symbol wurde an der Position (1,1) ausgegeben. Das zweite an der Position eine Einheit weiter rechts und eine Einheit weiter oben, usw.

Ein Teil des in diesem Kapitel verwendeten Koordinatenkreuzes wurde mit dem \multiput-Befehl erzeugt — so wurde die Eingabe jedes einzelnen Teilungsstriches gespart (siehe Quelltext auf Seite 129).

15.5 Veränderung der Linienstärke

Die Linienstärke der Grafikobjekte kann mit dem \thicklines-Befehl verändert werden. Von den etwas dickeren Linien, die Sie nach dieser Anweisung erhalten, kann mit \thinlines wieder auf den Standardwert umgeschaltet werden.

Die Dicke waagerechter und senkrechter Linien einer Grafik kann mit \linethickness festgelegt werden. Z.B. bewirkt \linethickness{0.5mm} eine Ausgabe fetterer Linien.

15.6 Objekte einrahmen

Mit der \frame-Anweisung lassen sich Rahmen um einzelne Objekte ziehen. Der Rahmen wird von LaTeX automatisch der Größe des Objektes angepaßt.

```
\begin{picture}(6,6)
  \put(2,2){
    \frame{
      \shortstack{Text\\im\\Rahmen}
    }
  }
\end{picture}
```

Diese Art, einen Rahmen zu ziehen, gelingt nicht bei allen Objekten. Wo der Versuch fehlschlägt, ist mit \framebox zu arbeiten. Mit \frame lassen sich auch komplette Grafiken rahmen. Dies wird im folgenden Textauszug schematisch gezeigt.

```
\frame{
  \begin{picture}(6,6)
    ...
  \end{picture}
}
```

15.7 Objekte speichern

Grafikobjekte können wie Boxen[1] als eine Art Textbaustein hinterlegt und innerhalb des Dokumentes immer wieder abgerufen werden. Dafür wird LaTeX mit \newsavebox zunächst der Name des Objektes bekanntgegeben. Dann wird dem Namen mit \savebox das Objekt zugeordnet. An \savebox wird der Name, die Abmessung und schließlich das Objekt selbst übergeben. Die Befehlssyntax lautet

```
\savebox{\Name}(Breite,Hoehe){Objekt}
```

Mit \usebox wird das gespeicherte Objekt abgerufen. Im folgenden Beispiel wird unter dem Namen \logo ein Schriftzug abgelegt und später abgerufen.

```
...
\newsavebox{\logo}
\savebox{\logo}(3,1.5){Feinbein Software}
...
\begin{picture}(6,6)
  ...
  \put(2,2){\usebox{\logo}}
  ...
```

---

[1] siehe Seite 114.

Auf diese Weise lassen sich auch komplexere Grafikelemente speichern. In diesem Kapitel wurde z.B. an verschiedenen Stellen ein Koordinatenkreuz verwendet, um die Wirkung einzelner Befehle zu veranschaulichen. Das Kreuz wurde dafür am Textanfang als Baustein hinterlegt und später mit \usebox abgerufen. Im unten abgedruckten Quelltext finden Sie die folgende, im ersten Moment etwas schwer verständliche Zeile:

```
\savebox{\kkreuz}(0,0)[bl]{
   ...
}
```

Unter dem Namen \kkreuz wird hier der nachfolgende Inhalt als Box abgelegt, deren Höhe und Breite gleich Null ist. Der Parameter [bl] bewirkt, daß der Inhalt an der unteren linken Ecke dieser Pseudobox ausgegeben wird. So wird erreicht, daß das zwischengespeicherte Objekt exakt an dem Punkt plaziert wird, der mit der \put-Anweisung beim Abruf angegeben wird.

```
\newsavebox{\kkreuz}                            % Namen vergeben
\savebox{\kkreuz}(0,0)[bl]{                     % Koordinatenkreuz
   \put(0,0){\vector(1,0){6}}                   % x-Achse
   \put(0,0){\vector(0,1){6}}                   % y-Achse
   \put(6,-0.5){\makebox(1,1){$x$}}             % Beschriftung
   \put(-0.5,6.5){\makebox(1,1){$y$}}
   \multiput(1,-0.1)(1,0){5}{\line(0,1){0.1}}   % Teilung x-Achse
   \multiput(-0.1,1)(0,1){5}{\line(1,0){0.1}}   % Teilung y-Achse
}
```

Im Text wird das Objekt folgendermaßen abgerufen:

```
\begin{picture}(6,6)
   \put(0,0){\usebox{\kkreuz}}  % Koordinatenkreuz einsetzen
   \put(2,2){\circle{1}}        % einen Kreis zeichnen
\end{picture}
```

Bei häufig verwendeten Objekten halten Sie Ihre Texte mit diesem Verfahren kurz und übersichtlich. Außerdem müssen Änderungen an diesen Objekten nur an einer einzigen Stelle vorgenommen werden. Wenn Objekte in unterschiedlichen Texten Verwendung finden, sollten Sie sie in separaten Dateien ablegen. Mit der \input-Anweisung können sie dann am Textanfang bereitgestellt werden (siehe hierzu auch Seite 133).

15.8 Bewegliche Grafiken

Wie bei Tabellen kann es auch bei Grafiken sinnvoll sein, diese als beweglich zu kennzeichnen. Auf das grundsätzliche Verfahren wurde bereits in Kapitel 12.2.6 auf Seite 93 eingegangen, deshalb folgt hier nur eine sehr knappe Darstellung.

Um eine Grafik entsprechend zu kennzeichnen, ist sie in einen Bereich figure einzusetzen.

```
        ┌─────────┐
        │         │
        │  Leer   │
        │         │
        └─────────┘
```

Abbildung 15.1: Eine bewegliche Grafik

```
\begin{figure}
  ...
\end{figure}
```

Die Befehlsmodifikation mit * und die optionalen Parameter haben die gleiche Funktion wie beim Bereich `table` (eine Beschreibung finden Sie auf Seite 94).

Mit \caption kann der Grafik ein Untertitel und (optional) ein Kurztitel für das Abbildungsverzeichnis zugewiesen werden. Es erfolgt eine automatische Numerierung und die Aufnahme in das Verzeichnis der Abbildungen, das mit \listoffigures in den Text (im allgemeinen hinter dem Inhaltsverzeichnis) eingefügt werden kann. Hierzu ein Beispiel:

```
\begin{figure}                       % als beweglich kennzeichnen
  \begin{center}                     % zentrieren
    \begin{picture}(6,6)
      \put(0,0){\framebox(5,5){Leer}}
    \end{picture}
    \caption[Beispiel]{Eine bewegliche Grafik} % Titel
  \end{center}
\end{figure}
```

bewirkt die Ausgabe von Grafik 15.1. Sie würde unter dem Titel „Beispiel" im Verzeichnis der Abbildungen aufgeführt.

Grafiken, die nicht als beweglich gekennzeichnet wurden, können mit der \addcontentsline-Anweisung im Verzeichnis der Abbildungen aufgeführt werden. Wie vorzugehen ist, zeigt der folgende Textauszug:

```
\begin{center}
  \begin{picture}(6,6)
    \put(0,0){\framebox(5,5){Leer}}
  \end{picture}

  Ein simples Beispiel            % Untertitel
\end{center}
\addcontentsline{lof}{figure}{Ein Beispiel}
```

Die Anweisung in der letzten Zeile bewirkt, daß der Titel der Grafik der von LaTeX verwendeten Hilfsdatei mit der Extension .lof[2] zugefügt wird. Die Grafik wird dadurch unter dem Titel „Ein Beispiel" im Verzeichnis der Abbildungen aufgeführt (soweit dieses mit \listoffigures in den Text eingefügt wird).

15.9 Bezüge auf Grafiken

Um Bezüge auf Grafiken herstellen zu können, muß innerhalb der \caption-Anweisung ein *label* deklariert werden, wie das im nächsten Beispiel demonstriert wird.

```
\begin{figure}
  \begin{center}
    \begin{picture}(6,6)
      \put(0,0){\framebox(5,5){Leer}}
    \end{picture}
    \caption{Eine bewegliche Grafik\label{Bsp}}
  \end{center}
\end{figure}
```

Der Verweis auf diese Grafik ist im Text z.B. folgendermaßen möglich:

```
Wie Abbildung \ref{Bsp} auf Seite \pageref{Bsp} zeigt...
```

---

[2] Siehe auch Seite 159.

Kapitel 16

Verwaltung größerer Texte

> *Sehr große Texte sollten nicht in einer Datei abgelegt werden. Es ist praktischer, z.B. einzelne Kapitel eines Buches in separaten Dateien zu speichern. Dieses Kapitel zeigt, wie die Teile eines Textes dann mit geeigneten Befehlen in einer übergeordneten Datei zusammengeführt werden können. Außerdem wird gezeigt, wie man Druckformatdateien anlegen kann, die einem das wiederholte Eintippen von Präambeln ersparen.*

16.1 Dateien zusammenführen

Der \input-Befehl bewirkt, daß LaTeX den Inhalt einer anderen Datei in den Text einfügt. LaTeX hängt dem als Parameter an \input übergebenen Dateinamen selbständig die Erweiterung .tex an. Der Text der importierten Datei enthält keine eigene Präambel. Es genügt, in einer Hauptdatei die Struktur des Gesamttextes und dessen globale Formatierungsanweisungen unterzubringen und die Teiltexte dann via \input einfügen zu lassen. Das folgende Beispiel zeigt schematisch, wie vorzugehen ist.

```
\documentstyle[german]{article}
% Hier werden alle globalen Formatierungsanweisungen
% untergebracht.
\begin{document}
  \input{kap1}
  % Auch hier kann Text stehen.
  \input{kap2}
  \input{kap3}
\end{document}
```

LaTeX setzt den Inhalt der Textdatei an der Stelle des \input-Befehls ein, ohne irgendwelche Veränderungen vorzunehmen. Das bedeutet z.B., daß ein gewünschter Seitenwechsel zwischen den Teiltexten explizit eingegeben werden muß (etwa mit \newpage). Es bedeutet auch, daß LaTeX Kapitelnummern und andere Zähler korrekt weiterzählt und nicht bei jedem Teiltext wieder neu zu zählen beginnt.

Solche \input-Anweisungen können über mehrere Ebenen hinweg geschachtelt werden. D.h., ein mit \input eingefügter Text kann seinerseits \input-Direktiven enthalten.

16.2 Druckformatdateien

Das \input-Kommando kann auch in der Präambel plaziert werden oder diese vollständig ersetzen. Damit können Sie Ihre häufig benutzten globalen Formatierungsanweisungen und selbstdefinierten Befehle in einer einzigen „wiederverwendbaren" Druckformatdatei unterbringen, die anstelle einer Präambel in all Ihre Dokumente eingebunden wird. Damit ersparen Sie sich eine Menge Tipparbeit. Hier ein einfaches Beispiel:

```
% format.tex - enthaelt globale Formatierungsanweisungen %
% ------------------------------------------------------- %
\documentstyle[german,12pt]{article}
\pagestyle{headings}    % Kopfzeilen = Kap.-Ueberschriften
\parindent0cm           % keine Absatzeinzuege
\textwidth14cm          % breiter Satzspiegel
\sloppy                 % "lockere" Silbentrennung
```

Eine Textdatei kann nun folgendermaßen aussehen:

```
\input{format}    % Druckformatdatei einlesen
\begin{document}
   ...            % hier steht der Text
\end{document}
```

16.3 Selektive Ausgabe von Dateien

TeX liest und bearbeitet immer *alle* Dateien, die mit \input eingefügt werden. Bei umfangreichen Dokumenten kann das zu einer zeitintensiven Angelegenheit werden. Das ist vor allem dann unpraktisch, wenn man sich bei der Abfassung eines großen Textes in einer Phase häufiger Überarbeitung befindet. Dann ist es wünschenswert, nur einzelne, korrigierte Textbereiche separat übersetzen bzw. drucken zu lassen.

Für diesen Fall hält LaTeX den \include-Befehl bereit. Im Prinzip bewirkt \include das gleiche wie \input. Der Unterschied ist, daß man bei der Verwendung von \include auch die Möglichkeit hat, anzugeben, *welche* Textteile LaTeX übersetzen soll. Dafür wird eine \includeonly-Anweisung in der Präambel plaziert, der die zur Verarbeitung bestimmten Textteile als Parameter übergeben werden. Die Dateinamen werden ohne Namenserweiterung eingegeben (also kap1 und nicht kap1.tex). Werden mehrere Dateinamen übergeben, werden diese durch Kommata getrennt.

Angenommen, das Gesamtdokument sei auf drei Dateien kap1.tex, kap2.tex und kap3.tex aufgeteilt. Dann bewirkt die folgende Hauptdatei den Ausdruck des *gesamten* Dokumentes:

16.3. Selektive Ausgabe von Dateien

```
\input{format}              % lies die Druckformatdatei
\begin{document}
   \include{kap1}           % lese Kapitel 1 ein
   \include{kap2}           % und Kapitel 2
   \include{kap3}           % und Kapitel 3
\end{document}
```

Wenn Sie nun das zweite Kapitel (die Datei kap2.tex) überarbeitet haben und separat ausdrucken möchten, fügen Sie eine \includeonly-Anweisung in die Präambel ein.

```
\input{format}              % lies die Druckformatdatei
\includeonly{kap2}          % nur kap2.tex uebersetzen
\begin{document}
   \include{kap1}
   \include{kap2}
   \include{kap3}
\end{document}
```

Sollen kap1.tex und kap3.tex übersetzt werden, ist die \includeonly-Direktive folgendermaßen abzuändern:

```
\includeonly{kap1,kap3}
```

Berücksichtigen Sie bei der Verwendung von \include die folgenden Punkte:

▷ Die Hauptdatei, in der die \include- und \includeonly-Kommandos stehen, wird, unabhängig davon, was beim \includeonly-Befehl angegeben wird, immer bearbeitet. Wenn Sie wünschen, daß TeX nur die Hauptdatei übersetzt, aber keine der mit \include eingebundenen Textteile, fügen Sie eine \includeonly-Anweisung ohne Parameter in die Präambel ein (\includeonly{}).

▷ \include-Anweisungen dürfen, im Gegensatz zu den \input-Anweisungen, erst im Textteil und nicht in der Präambel auftauchen.

▷ Mit \include eingefügte Texte beginnen stets auf einer neuen Seite. Damit ist dieses Kommando praktisch nur zum Einbinden neuer Kapitel zu benutzen.

▷ \input-Anweisungen können in Dateien auftreten, die ihrerseits via \input in einen Text importiert wurden. Jedoch darf in eine Datei, die mit \include eingelesen wurde, keine weitere Datei mit \include eingebunden werden. Die Kombination von \include und \input ist allerdings zulässig.

▷ Da die \includeonly-Anweisung in der Präambel steht und ein Dokument nur eine Präambel enthält, kann der \includeonly-Befehl nicht geschachtelt werden.

Kapitelnummern, Seitenzahlen etc. werden bei der Zusammenführung von Dateien mit \include korrekt weitergezählt. Wenn also kap1.tex die Anweisung \chapter{Einleitung} und kap2.tex die Anweisung \chapter{Hauptteil} enthalten, dann wird LaTeX den Hauptteil korrekt mit „Kapitel 2" betiteln. Beachten Sie aber, *daß das Dokument dafür mindestens einmal komplett von LaTeX übersetzt werden muß.* Bei dieser Bearbeitung werden Hilfsdateien (mit der Endung .aux) für jedes Teildokument angelegt, in denen solche Informationen (Zählerstände usw.) gespeichert werden. Beim Übersetzen eines Teildokumentes greift LaTeX auf diese Informationen zurück, um die Zählerstände anpassen zu können.

Das bedeutet, daß auch dann eine komplette Neuübersetzung des Gesamtdokumentes fällig wird, wenn Sie in einem Kapitel Textstrukturen ändern, indem Sie z.B. mit einer \chapter-Anweisung ein neues Kapitel einfügen. Andernfalls geht LaTeX bei der separaten Übersetzung einer nachfolgenden Teildatei von den alten Textstrukturen aus, die noch in den nicht mehr aktuellen .aux-Dateien stehen. Das gilt auch für Seitenzahlen: das Hinzufügen neuer Seiten in einer Teildatei verlangt ein Neuübersetzen, wenn spätere Teildateien mit korrekten Seitenzahlen ausgedruckt werden sollen. In der Überarbeitungsphase kann man jedoch meist auf korrekte Seitenzahlen und Kapitelnummern verzichten, so daß diese Restriktionen nicht so sehr ins Gewicht fallen. Außerdem genügt ja ein Übersetzungslauf, um die .aux-Dateien zu aktualisieren. Danach kann mit dem beschriebenen Verfahren ein einzelnes Kapitel ausgedruckt werden.

Kapitel 17

Selbstdefinierte Kommandos

> Um Ihre Arbeit mit LaTeX rationeller zu gestalten, können Sie eigene Kommandos, Bereiche und Textbausteine definieren. Wie ein solcher „Werkzeugkasten" aufgebaut wird, zeigt dieses Kapitel.

17.1 Kommandos definieren

Ein selbstdefiniertes Kommando faßt komplizierte, öfter benutzte LaTeX-Befehle oder -Befehlssequenzen unter einem neuen Namen zusammen. Mit der \newcommand-Anweisung wird der Befehl oder die Gruppe von Befehlen dem neuen Namen zugeordnet. Obwohl alle Neudefinitionen von Befehlen oder Bereichen auch im Textbereich plaziert werden können, wird empfohlen, diese stets in der Präambel unterzubringen.

Betrachten Sie einmal das folgende Beispiel.

```
\newcommand{\bPage}{\begin{minipage}{6cm}}
\newcommand{\ePage}{\end{minipage}}
```

Hier wurden Abkürzungen für den Aufbau von *minipages* mit einer häufig benötigten Abmessung definiert. Im Text wird dieser neue Befehl so verwendet:

```
\bPage      % Anfang Minipage
 ...
\ePage      % Ende
```

Mit diesem Verfahren können auch reine Textbausteine definiert werden. In diesem Fall wird einem Namen kein LaTeX-Befehl, sondern eben Text zugewiesen.

Wenn Sie häufig das Symbol $\Longleftrightarrow$ benötigen, werden Sie dafür nicht jedesmal \Longleftrightarrow eintippen wollen. Mit

```
\newcommand{\LA}{$\Longleftrightarrow$}
```

können Sie sich die Eingabe erleichtern. In normalen Text würde \LA so eingesetzt:

```
... h"aufig das Symbol \LA\ ben"otigen ...
```

Achten Sie darauf, diesem Befehl ein \ anzuhängen, um den nötigen Abstand zum nächsten Wort zu erhalten.

LaTeX ersetzt in Ihrem Text den selbstdefinierten Befehl gegen die ihm zugeordnete Zeichenkette. Wenn Sie nun einen mathematischen Ausdruck in der gezeigten Weise als Befehl definieren, gibt es Probleme, wenn Sie diesen Ausdruck im *math-mode* benutzen möchten. Denn das $-Symbol zu Beginn des Ausdrucks schaltet den *math-mode* wieder aus. Setzen Sie deshalb mathematische Ausdrücke stets in einen \mbox-Bereich. Der Befehl \LA müßte also folgendermaßen definiert werden,

```
\newcommand{\LA}{\mbox{$\Longleftrightarrow$}}
```

um sowohl im *text-mode* als auch innerhalb von Formeln nutzbar zu sein.

Auch Befehle, die Parameter verarbeiten, können selbst definiert werden. Die erweiterte Syntax der \newcommand-Anweisung ist

```
\newcommand{\Name}[AnzahlParameter]{Befehl #1 #2...}
```

An Stelle von #1, #2 usw. fügt LaTeX die an den Befehl übergebenen Parameter ein. Für #1 den ersten, für #2 den zweiten usw. So kann man z.B. Befehle zum Hoch- und Tiefstellen von Text definieren.

```
\newcommand{\super}[1]{\raisebox{0.7ex}{\scriptsize #1}}  %hoch
\newcommand{\sub}[1]{\raisebox{-0.5ex}{\scriptsize #1}}   %tief
```

Im Text werden Sie z.B. so benutzt:

```
... Zunahme von CO\sub{2} in der ...
... the 22\super{nd} of August ...
```

Beachten Sie, daß Sie bei Befehlsdefinitionen keine Namen vergeben dürfen, die mit \end beginnen. Der Befehl \verb und der Bereich verbatim können nicht Teil einer Neudefinition von Befehlen oder Bereichen sein.

17.2 Bereiche definieren

Auch Bereiche können von Ihnen definiert werden. Die Syntax für die Anweisung \newenvironment lautet:

```
\newenvironment{Name}{\beginSequenz}{\endSequenz}
```

17.2. Bereiche definieren

Name ist der Name, unter dem der neue Bereich im Text benutzt wird. \beginSequenz und \endSequenz sind die Einleitung und der Abschluß des von Ihnen definierten Bereiches. Ein Beispiel soll das erläutern.

Bei Dissertationen etc. ist es oft üblich, den Text mit anderthalbfachem Zeilenabstand, größere Zitate aber einzeilig zu drucken. Auf Seite 33 wurde gezeigt, wie man dieses Problem lösen kann. Wenn man häufig zitiert, kann man hierfür einen eigenen Bereich definieren. Das Beispiel zeigt auch, daß der \renewcommand-Befehl innerhalb einer Bereichsdefinition benutzt werden kann.[1]

```
\newenvironment{Zitat}{            % \beginSequenz
   \renewcommand{\baselinestretch}{1}    % einzeilig drucken
   \small\normalsize               % Groessenwechsel vorgaukeln
   \begin{quote}                   % Beginn d. Zitatbereiches
}{                                 % \endSequenz
   \end{quote}                     % Ende d. Zitatbereiches
   \renewcommand{\baselinestretch}{1.5}  % Zurueckschalten auf
   \small\normalsize               % groesseren Zeilenabstand
}
```

Im Text wird dieser Bereich folgendermaßen eingesetzt:

```
...
\begin{Zitat}
...
\end{Zitat}
...
```

Beachten Sie, daß zwischen den Klammerpaaren, die dem \newenvironment-Befehl zuzuordnen sind, keine Leerzeichen auftreten dürfen. Wollen Sie aus Gründen der Übersichtlichkeit einen Zeilenumbruch einfügen, muß die Zeile mit einem Kommentarzeichen beendet werden.

Das Beispiel soll auf einen weiteren Vorteil aufmerksam machen, den selbstdefinierte Bereiche für spezielle Textformatierungen haben. Wenn Sie am Ende Ihrer 567 Seiten dicken Dissertation feststellen, daß es besser aussieht, die Zitate kursiv zu setzen, müssen Sie nicht Hunderte von Textpassagen umarbeiten — es genügt, die eine Bereichsdefinition zu verändern.[2]

---

[1] Der Eingabetext wurde hier mit Einrückungen versehen, um ihn übersichtlich zu halten. In der Praxis ist diese Art der Eingabe nur in der Testphase sinnvoll. Danach sollte der Code von Definitionen „zusammengezogen" werden. Andernfalls besteht die Gefahr, daß die Einrückungen bei der Verwendung des selbstdefinierten Bereiches zu ungewollten Leerstellen im Text führen.

[2] Ein weiteres Beispiel für einen selbstdefinierten Bereich finden Sie auf Seite 78 ff.

Bereiche mit Parametern

Auch an Bereiche können Parameter übergeben werden. Zum Beispiel wird dem Bereich minipage die gewünschte Breite der Absatzbox in Form eines Parameters mitgeteilt. Wenn Sie einen solchen Bereich selbst definieren möchten, benutzen Sie ebenfalls die \newenvironment-Anweisung. Als optionaler Parameter wird dann aber die Anzahl der zu übergebenden Parameter angegeben. Innerhalb der Definition werden diese mit #1, #2 usw. kenntlich gemacht. Die Platzhalter dürfen nur in der \beginSequenz auftauchen.

Ein Beispiel

Als Beispiel wird hier nun ein Bereich definiert, der den Text so wie diesen und den vorangegangenen Absatz formatiert. An den Bereich wird als Parameter eine Überschrift übergeben, die linksbündig und fett in der linken Spalte gesetzt wird. Der eigentliche Text steht in der rechten Spalte. Mit diesem Bereich lassen sich z.B. Exposés recht übersichtlich gestalten.

Es folgt die Definition des Bereiches expo.

```
\newenvironment{expo}[1]%            % 1 Parameter
  {                                  % \beginSequenz
     \begin{minipage}[t]{3.5cm}      % fuer "Ueber"schrift
       \bf #1                        % fett ausgeben
     \end{minipage}
     \hfill                          % elast. Zwischenraum
     \begin{minipage}[t]{10cm}       % Box fuer Text
  }{\end{minipage}\medskip}          % \endSequenz
```

Der Bereich wird folgendermaßen benutzt:

```
...
\begin{expo}{Bereiche mit Parametern}
  Auch an Bereiche k"onnen Parameter "ubergeben werden.
  ...
\end{expo}
...
```

17.3 Neudefinition bestehender Befehle und Bereiche

Mit den \new..-Befehlen können Sie keine bereits durch LaTeX vordefinierten Befehle oder Bereiche neu definieren. Verwenden Sie hierfür die Kommandos \renewcommand und \renewenvironment. Die Syntax entspricht der ihrer \new..-Pendants. Benutzen Sie diese Möglichkeit mit Bedacht und nur dann, wenn Sie die Folgen der Veränderung bestehender Befehls- oder Bereichsdefinitionen (auch für LaTeX) überblicken können.

Kapitel 18

Fehler

> *In diesem Kapitel wird gezeigt, wie man auf Fehler reagiert, die LaTeX oder TeX melden. Die Fehlermeldungen und Warnungen selbst sind im Anhang auf Seite 153ff. aufgeführt.*

Die Art, wie LaTeX und TeX mit Eingabefehlern umgehen, ist, gerade für Anfänger, etwas problematisch. Die Fehlermeldungen während des Übersetzungsvorgangs sind oft kryptisch oder nichtssagend.

Sobald man es aber mit einer Programmiersprache zu tun hat, und schließlich ist der Befehlssatz von LaTeX eine Programmiersprache, begeht man Fehler. Ob Anfänger oder Experte, man wird immer wieder einmal ein Befehlswort falsch eingeben, eine schließende Klammer vergessen etc. Dies sind syntaktische Fehler. Eine andere Fehlerart sind die logischen Fehler. Das heißt, man gibt zwar syntaktisch korrekte Befehle ein, diese führen aber zu einem anderen als dem gewünschten Ergebnis. Es folgt ein ganz simples Beispiel für einen logischen Fehler:

```
\chapter{...}
...
\subsection{...}
```

Hier wurde eine Gliederungsebene vergessen. Die Folge: das Kapitel wird z.B. korrekt mit der Überschrift „Kapitel 1" begonnen, aber das erste Unterkapitel wird, statt mit „1.1", mit „1.0.1" numeriert. LaTeX und TeX können solche logischen Fehler nicht erkennen. Deswegen werden in solchen Fällen keine Fehlermeldungen oder Warnungen ausgegeben. Der Fehler zeigt sich erst beim Ausdruck bzw. beim Betrachten des Textes mit dem *preview*-Programm.

In diesem Kapitel wird nur auf den Umgang mit syntaktischen Fehlern eingegangen, die LaTeX bzw. TeX anzeigen.

18.1 Fehlermeldungen

Wenn Sie in Ihrem Text z.B. statt \begin{verbatim} versehentlich \begin{Verbatim} eingeben, erhalten Sie bei der Übersetzung nach einiger Zeit diese oder eine ähnliche Bildschirmmeldung:

```
LaTeX error.  See LaTeX manual for explanation.
              Type  H <return>  for immediate help.
! Environment Verbatim undefined.
\@latexerr ...for immediate help.}\errmessage {#1}

l.9 \begin{Verbatim}

?
```

Mit der von einem ! eingeleiteten Fehlermeldung teilt LaTeX mit, daß ein Bereich `Verbatim` nicht definiert ist. Das Programm kann mit der Anweisung deswegen nichts anfangen und meldet den Fehler. Meldungen wie die in der vierten Zeile, mit für Sie unverständlichem Inhalt können Sie ignorieren. Die Mitteilung `l.9 \begin{Verbatim}` weist darauf hin, daß der Fehler in Zeile 9 (l.9) der Textdatei lokalisiert wurde. Das Fragezeichen ist eine Eingabeaufforderung. Beim Auftreten eines Fehlers wartet das Programm also auf eine Reaktion von Ihnen.

Sie können hier die RETURN -Taste drücken, um den Fehler zu übergehen. In den meisten Fällen bringt das nicht viel, weil dieser Fehler Folgefehler bei der Übersetzung bewirkt. Zum Beispiel kann LaTeX auf eine Anweisung `\end{verbatim}` stoßen und dann folgendes mitteilen:

```
LaTeX error.  See LaTeX manual for explanation.
              Type  H <return>  for immediate help.

! \begin{document} ended by \end{verbatim}.
\@latexerr ...for immediate help.}\errmessage {#1}

\@checkend ...empa \@currenvir \else \@badend {#1}
                                                  \fi
\end #1->\csname end#1\endcsname \@checkend {#1}
                                                \if@endpe \global \let \@
l.18 \end{verbatim}

?
```

Wird auch diese Meldung mit RETURN übergangen, kann die Übersetzung unter Umständen gelingen. Sehr oft löst aber ein Fehler eine ganze Reihe weiterer Fehler bzw. Fehlermeldungen aus. Es ist dann meist sehr schwer, von diesen (Folge-) Meldungen auf den oder die eigentlichen Fehler zu schließen. Deshalb ist es nicht empfehlenswert, den Übersetzungsprozeß weiterlaufen zu lassen.

Um den Übersetzungsprozeß abzubrechen, geben Sie an der Eingabeaufforderung ein X ein und drücken die RETURN -Taste. Wenn Sie H gefolgt von RETURN eingeben, erhalten Sie (nicht immer) eine etwas ausführlichere Fehlermeldung und manchmal Tips für die Behebung des Fehlers. Tippen Sie ein Fragezeichen und RETURN ein,

18.1. Fehlermeldungen

erhalten Sie ein erweitertes Menü (siehe unten). Die darin aufgeführten Befehle können alle auch an der ersten Eingabeaufforderung eingegeben werden. Sie wählen eine Option, indem Sie den angegebenen Buchstaben eingeben und dann die $\boxed{\text{RETURN}}$ -Taste drücken.

```
LaTeX error.  See LaTeX manual for explanation.
              Type H <return> for immediate help.
! Environment Verbatim undefined.
\@latexerr ...for immediate help.}\errmessage {#1}

l.10 \begin{Verbatim}

? ?
Type <return> to proceed, S to scroll future error messages,
R to run without stopping, Q to run quietly,
I to insert something, E to edit your file,
1 or ... or 9 to ignore the next 1 to 9 tokens of input,
H for help, X to quit.
?
```

Mit R veranlassen Sie TEX, mit der Übersetzung fortzufahren — komme was da wolle. Fehler führen dann nicht mehr zum Anhalten des Programmes, wohl aber zur Ausgabe von Meldungen. Ein S bewirkt ebenfalls, daß TEX weiterübersetzt und wie bei R Fehlermeldungen ausgibt. Bestimmte Fehler führen jedoch zum Anhalten der Bearbeitung (wenn etwa auf eine nicht existierende \input-Datei gestoßen wird). Ein Q wirkt wie ein R, unterdrückt aber die Ausgabe der Fehlermeldungen am Bildschirm. Diese werden jedoch in die Protokolldatei geschrieben, auf die noch eingegangen wird.

Wenn Sie ein I eingeben, können Sie unmittelbar danach einen korrekten LaTeX-Befehl eintippen. Bisweilen läßt sich ein Fehler auf diese Weise beheben. Beachten Sie aber, daß Sie damit nicht den Originaltext editieren.

Tippen Sie eine Zahl n zwischen 1 und 99 ein, übergeht das Programm die nächsten n Zeichen des Eingabetextes. Mit einem E starten Sie schließlich den Editor, um den Text zu überarbeiten — dies ist eine systemabhängige Option, die nicht bei jeder LaTeX-Version funktioniert.

Wenn Sie den gesamten Übersetzungsvorgang abbrechen möchten, tippen Sie I\stop ein. Bis zu dieser Stelle wird der Eingabetext dann in eine .dvi-Datei übersetzt. Wenn Sie mit X abbrechen, wird der Text der aktuellen Seite nicht mehr an diese Datei übergeben.

Die obige Fehlermeldung wurde mit dem Hinweis LaTeX error eingeleitet, d.h der Fehler wurde von LaTeX erkannt. Das ist, wie die nächste Meldung zeigt, nicht immer der Fall — manche Fehler werden erst auf einer tieferen Ebene von TEX erkannt.

```
! Undefined control sequence.
l.5 \newlne

?
```

Dieser Fehler (es wurde \newlne statt \newline eingegeben) wurde von TeX festgestellt. Auch wenn Sie LaTeX-Fehler mit ⎡RETURN⎤ übergehen, kann es vorkommen, daß Sie irgendwann TeX-Meldungen erhalten.

18.2 Warnungen

Eine Warnung ist ein Hinweis darauf, daß die Übersetzung an der angegebenen Stelle zwar möglich, das Ergebnis der Übersetzung aber nicht vollkommen fehlerfrei ist. Wenn es sich nicht um einen Entwurf handelt, müssen Sie den Text also nachbearbeiten. Warnungen werden ausgegeben, ohne die Übersetzung zu unterbrechen. Das Programm hält nicht an, um einen Befehl des Benutzers entgegenzunehmen.

```
LaTeX Warning: Reference 'Egon' on page 1 undefined.
```

Mit dieser Meldung zeigt LaTeX an, daß ein *label* „Egon" bisher nicht definiert wurde und der Verweis auf diese Textstelle nicht gelingen kann. Im Ausdruck erscheint dann auf der Seite 1 anstelle des Verweises ein [??].

Die folgende Warnung stammt von TeX:

```
Overfull \hbox (99.4718pt too wide) in paragraph at lines 226--226
```

Sie besagt, daß an dieser Stelle kein optimaler Platz für eine Silbentrennung gefunden wurde und diese Zeile daher nicht sauber gesetzt werden konnte.

18.3 Die Protokolldatei

Während des Übersetzungsvorgangs wird eine Protokolldatei angelegt. Diese trägt den gleichen Namen wie die Textdatei und die Endung .log. Diese Datei enthält sämtliche Bildschirmausgaben von TeX und weitere detaillierte Meldungen. Anhand dieser Datei kann man sich Schritt für Schritt mit den Textstellen befassen, zu denen Warnungen ausgegeben wurden. Außerdem liefert sie Informationen, die bei der Lokalisierung mancher Fehler hilfreich sind.

18.4 Empfehlungen

Es folgen hier ein paar Empfehlungen, die die Fehlerbehandlung etwas erleichtern sollen.

> ▷ Brechen Sie die Übersetzung nach der Ausgabe einer Fehlermeldung ab. Besonders als Anfänger ersparen Sie sich so die Konfrontation mit obskuren Folgemeldungen. Korrigieren Sie die Fehler sofort und lassen Sie dann neu übersetzen.

18.4. Empfehlungen

▷ Halten Sie deswegen Ihre Dateien klein. Wenn Sie größere Texte abfassen, teilen Sie sie in kleinere Einheiten auf, die via \include zusammengeführt werden. Übersetzen Sie diese Einheiten zunächst einzeln (siehe Seite 134). Die Identifikation des Fehlers geht bei kleineren Textdateien leichter und schneller von der Hand als bei großen.

Bei der Übersetzung von Texten, die aus mehreren Dateien bestehen, gibt TEX stets an, welche Datei gerade bearbeitet wird, so daß es keine Probleme gibt, festzustellen wo der Fehler liegt. Die ausgegebene Zeilennummer gibt die Position des Fehlers in der Datei an, die momentan übersetzt wird. Wenn eine Textdatei eingelesen wird, erscheint eine öffnende runde Klammer, am Ende der Bearbeitung der Datei eine schließende runde Klammer. Angenommen, eine Hauptdatei t.tex enthält \input-Anweisungen für die Dateien k1.tex und k2.tex. Tritt ein Fehler in k1.tex auf, sieht eine Fehlermeldung so aus:[1]

```
(C:\TEX\K1.TEX
LaTeX error ...
```

Wird er in der zweiten Datei k2.tex entdeckt, erscheint die folgende Meldung auf dem Bildschirm:

```
(C:\TEX\K1.TEX) (C:\TEX\K2.TEX
LaTeX error ...
```

Die nächste Meldung weist auf einen Fehler in der Hauptdatei *hinter* der letzten \input-Anweisung hin.

```
(C:\TEX\K1.TEX) (C:\TEX\K2.TEX)
LaTeX error ...
```

▷ Wenn Sie mit komplizierten Formeln arbeiten, sollten Sie diese zuerst in einer kleinen Testdatei ablegen und diese an TEX übergeben. Kopieren Sie die Formel erst dann in den eigentlichen Text, wenn sie fehlerfrei übersetzt wurde und auf dem Papier so aussieht, wie Sie sich das vorgestellt haben.

▷ Das gilt auch für Grafiken. Gestalten Sie diese ebenfalls in einer kleinen Testdatei. Betrachten Sie das Ergebnis mit dem *preview*-Programm und drucken Sie die Grafik aus. Fügen Sie sie erst dann in den größeren Gesamttext ein, wenn Sie Ihren Vorstellungen entspricht. Komplizierte Grafiken sollten Sie auf Millimeterpapier zeichnen und erst dann kodieren.

▷ Wenn Sie komplexere Formatierungsanweisungen mehrfach verwenden, definieren Sie einen entsprechenden Befehl oder Bereich (siehe Seite 137). Ein Fehler oder eine unerwünschte Formatierung muß dann nur an einer Stelle

---

[1] Pfadangaben etc. hängen vom jeweiligen System ab.

korrigiert werden. Außerdem reduziert man so die Wahrscheinlichkeit von Tippfehlern. Überprüfen Sie die Wirkung solcher Befehle oder Bereiche in einer kleinen Testdatei.

▷ Arbeiten Sie möglichst mit einem Editor, der Sie bei der Fehlersuche unterstützt. Moderne Editoren können z.B. passende Klammerpaare identifizieren. Gerade beim Formelsatz lassen sich mit dieser Funktion fehlende Klammern schnell finden.

▷ Es kann immer wieder vorkommen, daß man vergißt, die deutschen Umlaute als LaTeX-Befehle einzugeben. Diese Buchstaben fehlen dann im Ausdruck. Ein guter Editor erlaubt ein Suchen-und-Ersetzen-Makro zu schreiben, das die Konvertierung automatisiert, so daß die Texte mit Umlauten eingegeben werden und danach mit dem Makro für LaTeX aufbereitet werden können.

▷ Wenn Sie Bereiche verschachteln, machen Sie die unterschiedlichen Ebenen durch Einrückungen sichtbar. Fehlende \end-Anweisungen und falsche Verschachtelungen erkennt man so recht schnell.

▷ Wenn Sie einen Text so modifizieren, daß potentielle Fehlerquellen entstehen könnten, legen Sie zuvor eine Kopie an. Manche Fehler lassen sich durch ein Zurückverfolgen der Arbeitsschritte lokalisieren.

▷ Wenn ein Fehler auftritt, dessen Position unklar bleibt, zerlegen Sie den Text portionsweise. Kopieren Sie den Text dafür in eine andere Datei und entfernen Sie aus dieser schrittweise immer größere, unverdächtige Blöcke, um den Fehler so einzukreisen.

▷ Tritt ein nicht identifizierbarer Fehler auf, löschen Sie die zur Textdatei gehörige .aux-Datei und starten Sie den Übersetzungsvorgang erneut.

▷ Denken Sie auch an zu schützende, instabile Befehle in den Parametern bestimmter Anweisungen (siehe Seite 159 ff.).

Für den Fall, daß Sie mit einer Flut vollkommen unverständlicher Fehlermeldungen eingedeckt werden und bereits mit dem Gedanken spielen, zur mechanischen Schreibmaschine zurückzukehren, hier der wichtigste Tip, den Leslie Lamport gibt:

The most important thing to remember is not to panic.

Kapitel 19

Verschiedenes

> In diesem Kapitel wird gezeigt, wie man LaTeX Textteile unformatiert drucken läßt. Außerdem werden Kommandos vorgestellt, mit denen LaTeX in Grenzen interaktiv bedient werden kann. Ein drittes Teilkapitel demonstriert, wie Randnotizen einzugeben sind.

19.1 Quelltexte unformatiert ausgeben

Vielleicht haben Sie sich bereits gefragt, wie die Quelltextauszüge in diesem Buch gedruckt wurden, wie LaTeX also eigene Befehle verarbeiten kann, ohne sie zu befolgen. Für die Lösung dieses Problems gibt es einen speziellen Bereich `verbatim`. Wenn LaTeX auf einen solchen Bereich stößt, wird der darin enthaltene Text „wie er ist" übernommen. Die Textformatierung wird also ausgeschaltet, Zeilenvorschübe werden nicht ignoriert, Leerräume bleiben erhalten. Der Text — der keine Umlaute enthalten darf — wird in der Schriftart `Typewriter` ausgegeben.

19.1.1 Listings

Um einen mehrzeiligen Text, etwa ein Programm-Listing, auszudrucken, setzen Sie ihn in einen `verbatim`-Bereich ein.

```
\begin{verbatim}
    ...
\end{verbatim}
```

Sie können `verbatim` mit einer Befehlsmodifikation durch * versehen. Dann werden Leerzeichen im Eingabetext durch ein ␣ verdeutlicht. Hier ein Beispiel:

Eingabe   *Ausgabe*
\begin{verbatim}

```
  void prt_str(char *s)             void prt_str(char *s)
  { char *p;                        { char *p;
    p = s;                            p = s;
    while(*p){                        while(*p){
      prt_char(*p++);                   prt_char(*p++);
    }                                 }
  }                                 }
```

\end{verbatim}

19.1.2 Kurze Textpassagen unformatiert ausgeben

Mit dem \verb-Befehl können kurze Quelltextpassagen übernommen werden. Die Syntax des Befehls ist

```
\verbTrennZeichen Text TrennZeichen
```

TrennZeichen ist ein beliebiges Zeichen, das direkt hinter \verb folgt. Da es auch für \verb eine Befehlsmodifikation mit * gibt, scheidet dieses Zeichen allerdings aus. Zwischen \verb und TrennZeichen darf kein Leerzeichen stehen. LaTeX setzt den Text zwischen den beiden Trennzeichen, so wie er eingegeben wurde. Lediglich eventuelle Zeilenumbrüche werden ignoriert, d.h. dieser Text wird so umbrochen, wie der ihn umgebende Text.

In diesem Buch wurde das Zeichen / als Trennzeichen gewählt. Im Eingabetext sieht die Erwähnung eines LaTeX-Befehls beispielsweise so aus:

```
   ... benutzen Sie die \verb/\put/-Anweisung...
```

Die Befehlsmodifikation mit * hat die gleiche Wirkung wie beim verbatim-Bereich. XCOPY␣C:\TEX\KAP*.TEX␣A:␣/V wurde folgendermaßen eingegeben:

```
   \verb*|XCOPY C:\TEX\KAP*.TEX A: /V|
```

Als Trennzeichen wurde ein | verwendet, um /V ausgeben zu können.

Beachten Sie, daß weder der Befehl \verb noch der Bereich verbatim als Parameter anderer Befehle oder Bereiche verwendet werden dürfen.

19.2 Ein-/Ausgabebefehle

Mit dem Befehl \typeout können während des Übersetzungslaufes Meldungen am Bildschirm ausgegeben werden. Die Anweisung

```
   \typeout{*** Vieweg Druckformatvorlage V.1.1 ***}
```

19.2. Ein-/Ausgabebefehle

gibt diesen Satz in einer separaten Zeile am Bildschirm aus.

Die \typein-Anweisung läßt LaTeX auf Eingaben von der Tastatur warten. Die Eingabe wird so behandelt, als stünde sie im Text. Sie können hier also beliebige LaTeX-Anweisungen eingeben.

```
\typein{Waehlen Sie eine Schriftart: }
```

Diese Zeile, am Dokumentenanfang plaziert, bewirkt während des Übersetzungsvorgangs die Ausgabe von

```
Waehlen Sie eine Schriftart:
```

```
\@typein=
```

am Bildschirm. Sie könnten nun z.B. \sl eingeben. Auf diese Art kann aber z.B. auch nach Druckformatdateien o.ä. gefragt werden.

Ihre Eingabe kann auch einer Variablen zugeordnet werden, deren Name als optionaler Parameter an \typein übergeben wird. Damit können selbsterstellte Formulare oder Kurzmitteilungen am Bildschirm ausgefüllt werden. Zum Beispiel könnte man Seminarscheine folgendermaßen ausstellen:

```
...
\typein[\Anr]{Anrede:}
\typein[\Name]{Name:}
\typein[\Kurs]{Kurs:}
...
Institut f"ur ...
...
\begin{center} \bf Bescheinigung \end{center}

\Anr\ \Name\ hat im Sommersemester 1991 regelm"a"sig an dem Kurs

\begin{center} "'\Kurs"' \end{center}

teilgenommen.
...
```

Lassen Sie den Variablen im Text stets einen umgekehrten Schrägstrich folgen. Die Variablen werden von LaTeX wie *Befehle* behandelt, die mit einem Leerschritt lediglich abgeschlossen werden. Der *backslash* schiebt den erwünschten Abstand zum nächsten Wort ein.

Auf diese Weise können auch Standardbriefe ausgefüllt werden, die mit der Dokumentenstiloption `letter` abgefaßt worden sind. Der folgende Quelltextauszug zeigt schematisch, wie vorzugehen ist.

```
...
\typein[\Name]{Name}      % Adresse abfragen
\typein[\Str]{Strasse}
...
\begin{letter}{
  \Name \\                % Adresse einfuegen
  ...
}
\opening{...
```

19.3 Randnotizen

Mit dem \marginpar-Kommando lassen sich Absätzen kurze Randnotizen zuweisen. Maximal fünf solcher Randbemerkungen können Sie auf einer Seite anbringen. Die Notizen werden von L^AT_EX bei einseitigem Druck am rechten Seitenrand angeordnet, bei doppelseitigen Dokumenten am jeweils äußeren Rand. Bei zweispaltigen Texten stehen sie am Seitenrand neben der jeweiligen Spalte, in der der Text auftritt. Mit \reversemarginpar erreichen Sie, daß die Notizen am linken bzw. inneren Seitenrand ausgegeben werden. Mit \normalmarginpar wird die Standardeinstellung reaktiviert. Bei zweispaltigem Druck sind diese Befehle nicht zu verwenden.

Der Text der Randnotiz wird \marginpar als Parameter mitgegeben. Die Anweisung

```
\marginpar{So\\ sieht\\ eine\\ {\em Randnotiz}\\ aus.}
```

erzeugt die obige Randbemerkung. Die erste Zeile liegt auf der Höhe der Textzeile, in der sie eingegeben wurde.

Halten Sie Randnotizen möglichst kurz. Beachten Sie auch, daß diese am Seitenende nicht umbrochen werden können. Bei längeren Notizen sollten Sie die Zeilenumbrüche, wie im Beispiel, mit \\ selbst vornehmen.

Mit \marginparwidth können Sie die Breite der „Box" für die Randnotizen definieren. Der Abstand zwischen dieser Box und dem eigentlichen Text kann mit \marginparsep variiert werden. Durch \marginparpush kann der minimale Abstand zwischen zwei Notizen festgelegt werden. Den Kommandos wird der gewünschte Wert direkt angehängt.

Beim doppelseitigen Druck wissen Sie nicht, ob die Notiz auf einer ungeraden oder einer geraden Seite erscheinen wird. Sie wissen deswegen auch nicht, ob sie rechts oder links vom eigentlichen Text angeordnet werden wird. Das ist dann zu bedenken, wenn Sie eine Randnotiz z.B. mit einem Pfeil versehen möchten, der, unabhängig davon, wo die Notiz steht, auf den Text weist. In diesem Fall übergeben Sie \marginpar als optionalen Parameter den Inhalt der Notiz für linke Seiten. Den Inhalt der eckigen Klammern wählt L^AT_EX also aus, wenn die Notiz an einem linken Seitenrand anzubringen ist. Wird die Notiz auf einen rechten Rand gedruckt, übernimmt L^AT_EX den Text in den geschweiften Klammern. Die Befehlssyntax sieht demnach so aus:

19.3. Randnotizen

```
\marginpar[fuer_linkeRaender]{fuer_rechteRaender}
```

Die Pfeile ◁ und ▷ sind mathematische Symbole, deren Verwendung in Kapitel 13.5.10 erklärt wird. Mit der Anweisung $\lhd$ wird ein nach links weisendes Dreieck und mit $\rhd$ sein nach rechts weisendes Pendant erzeugt. Um zu erreichen, daß einer der Pfeile beim doppelseitigen Druck stets zum Text hin weist, ist folgendes einzugeben:

```
... \marginpar[$\hfill\rhd$]{$\lhd$} ...
```

Da Randnotizen von LaTeX linksbündig in Boxen gesetzt werden, werden die Inhalte auf linken Seiten weiter vom Text entfernt plaziert als auf rechten. Deswegen wurde \hfill vor dem Symbol für die linken Seiten eingegeben. Durch das Einschieben des dehnbaren Leerraumes wird der Pfeil rechtsbündig in die Box gesetzt (vgl. Seite 18).

Wenn die Randnotizen außer dem Symbol Text enthalten sollen, sieht es besser aus, wenn das Symbol durch einen Zeilenvorschub mit \\ vom Text abgesetzt wird. Das Beispiel wurde folgendermaßen eingegeben:

```
\marginpar[\hfill$\rhd\rhd$\\\hspace*{\fill}\it Ein
Beispiel]{$\lhd\lhd$\\\it Ein Beispiel}
```

Hier wurde vor „Ein Beispiel" für die linken Seiten Leerraum eingeschoben, um die zwei Worte rechtsbündig unter den Pfeilen zu positionieren. Die Befehlsmodifikation mit * gestattet, auch am Beginn einer Zeile Leerraum einzufügen.

Beabsichtigen Sie, solche Konstruktionen oft in Ihren Texten zu benutzen, sollten Sie hierfür eigene Befehle definieren — schon, um sich die doppelte Eingabe des Textes zu ersparen (vgl. Kapitel 17).

Anhang A

Fehlermeldungen, Dateinamen, instabile Befehle

> In diesem Anhang werden zunächst die Fehlermeldungen und Warnungen von LaTeX und TeX besprochen. Im zweiten Teil werden die Dateinamen der unterschiedlichen Dateien vorgestellt, die LaTeX erzeugt. Im dritten Teil geht es um instabile LaTeX-Befehle.

A.1 Fehlermeldungen und Warnungen

Im folgenden werden Fehlermeldungen und Warnungen von LaTeX und TeX, so wie sie Leslie Lamport in seinem Buch dokumentiert, in knapper Form aufgeführt. Es werden nur Meldungen vorgestellt, die mit einem in diesem Buch behandelten Befehl in Zusammenhang stehen. Die Meldungen sind alphabetisch geordnet.

A.1.1 LaTeX-Meldungen

Fehlermeldungen

! Bad \line or \vector argument.
Die übergebenen Parameter, die die Steigung des Pfeils oder der Linie beschreiben, liegen nicht im gültigen Bereich (vgl. Seite 125).

! Bad math environment delimiter.
Für diese Meldung kommen zwei Ursachen in Betracht: Entweder wurde im *math-mode* ein Befehl wie \[oder \(zum Umschalten in diesen Modus entdeckt, oder ein Befehl zum Zurückschalten in den *text-mode* (wie \] oder \)) tauchte innerhalb des normalen Textes auf.

! Bad use of \\.
Innerhalb eines Bereiches, in dem Text zentriert oder rechts- bzw. linksbündig gesetzt wurde, wurde ein Befehl für einen Zeilenvorschub (\\) zwischen zwei Absätzen plaziert (vgl. Seite 27 ff.).

! \begin{...} ended by \end{...}.
Die \end-Anweisung paßt nicht zur entsprechenden \begin-Anweisung. Ursache ist ein Schreibfehler oder eine fehlerhafte Verschachtelung.

! Can be used only in preamble.
Eine Anweisung, die nur in der Präambel stehen darf, wurde nach \begin{document} entdeckt, oder ein zweites \begin{document}-Kommando wurde gefunden.

! Command name ... already used.
Bei der Neudefinition eines Befehls, eines Bereiches oder eines Zählers wurde ein Name vergeben, der bereits vergeben ist. Grundsätzlich dürfen Namen nur einmal vergeben werden (wenn ein *Bereich* fett definiert wurde, ist es übrigens nicht mehr möglich, einen *Befehl* \fett zu definieren).

! Counter too large.
Ein als Buchstabe auszugebender Zähler hat den Maximalwert 26 überschritten.

! Environment ... undefined.
Es wurde ein unbekannter Bereich entdeckt. Ursache ist vermutlich ein Schreibfehler.

! Float(s) lost.
Ein figure- oder ein table-Bereich oder ein \marginpar-Befehl tauchten in einer Absatzbox auf. Diese wurde entweder mit \parbox oder einem minipage-Bereich erzeugt. Oder es handelt sich um eine Box, die LaTeX intern erzeugt (z.B. für Fußnoten). Von der Fehlermeldung kann nicht auf die Position des Fehlers geschlossen werden.

! Illegal character in array arg.
Im Formatierungsparameter einer Tabelle (Seite 86ff.), eines Feldes (Seite 108) oder einer \multicolumn-Anweisung (Seite 88) wurde ein unzulässiges Zeichen entdeckt.

! Missing \begin{document}.
Entweder wurde der Befehl vergessen, oder in der Präambel wurde ein Befehl inkorrekt eingegeben (und als zu druckender Text interpretiert).

! Missing p-arg in array arg.
Der Formatierungsanweisung p im Formatierungsparameter einer Tabelle, eines Feldes oder einer \multicolumn-Anweisung wurde kein Parameter übergeben (vgl. Seite 90).

! Missing @-exp in array arg.
Der @-Anweisung im Formatierungsparameter einer Tabelle, eines Feldes oder einer \multicolumn-Anweisung wurde kein Parameter übergeben (vgl. Seite 91).

! No such counter.
Mit \setcounter oder \addtocounter wurde ein nicht definierter Zähler angesprochen. Ursache ist entweder ein Schreibfehler oder, wenn die Meldung während der Bearbeitung der .aux-Datei auftritt, eine außerhalb der Präambel plazierte \newcounter-Anweisung. Löschen Sie nach dieser Meldung vor einer Neuübersetzung die .aux-Datei.

! Not in outer par mode.
Im *math-mode* oder in einer Absatzbox wurde ein figure- bzw. table-Bereich angelegt oder die \marginpar-Anweisung verwendet.

! \pushtabs and \poptabs don't match.
Das Verhältnis von \pushtabs- und \poptabs-Anweisungen in einem tabbing-Bereich ist nicht ausgewogen (vgl. Seite 85).

! Something's wrong--perhaps a missing \item.
In einer Liste wurde der Text nicht mit einem \item-Befehl eingeleitet.

! Tab overflow.
Es wurden zuviele Tabulatoren gesetzt.

! There's no line here to end.
Mit dem \newline-Befehl oder \\ wurde zwischen Absätzen ein Zeilenvorschub angeordnet. Benutzen Sie die \vspace-Anweisung, um zusätzlichen Leerraum einzufügen (vgl. Seite 31).

A.1. Fehlermeldungen und Warnungen

! This may be a LaTeX bug.
Entweder hat ein Fehler in LaTeX selbst diese Meldung ausgelöst, oder, was wahrscheinlicher ist, es handelt sich um einen Folgefehler, der nach dem Übergehen eines früheren Fehlers mit `RETURN` auftrat.

! Too deeply nested.
Die Verschachtelung von Listenbereichen wurde zu weit getrieben.

! Too many unprocessed floats.
Es kommen drei Ursachen in Betracht. Entweder wurden mit \marginpar zu viele Randbemerkungen auf einer Seite plaziert oder es wurden zu viele bewegliche Objekte (Tabellen oder Grafiken) angehäuft. Letzteres kann vorkommen, wenn zu viele dieser Objekte deklariert wurden, ohne daß LaTeX sie auf den folgenden Seiten ausgeben kann. Verschieben Sie die Objekte dann etwas zum Textende hin. Die dritte Möglichkeit: Ein Objekt paßt nicht auf eine *Text*seite. Da LaTeX die Reihenfolge der Objekte erhält, stapeln sich dann die anderen Objekte, ohne ausgegeben werden zu können und es kommt zu einem „Überlauf". Fügen Sie ein \clearpage bzw. \cleardoublepage ein, um die Ausgabe auszulösen oder verwenden Sie den optionalen Parameter p zur Positionierung (vgl. Seite 94 und Seite 129).

! Undefined tab position.
Mit einer der Anweisungen \>, \<, \+ oder \- wurde versucht, vor den ersten oder hinter den letzten definierten Tabstopp zu springen (vgl. Seite 81ff.).

! \< in mid line.
Die \<-Anweisung darf nur am Anfang einer Zeile auftauchen (vgl. Seite 84).

Warnungen

LaTeX-Warnungen werden bei der Bildschirmausgabe mit LaTeX Warning: eingeleitet.

Label '...' multiply defined.
Ein *label*-Name wurde mehrfach vergeben.

Label(s) may have changed. Rerun to get cross-references right.
Die mit \ref oder \pageref ausgegebenen Werte sind möglicherweise nicht (mehr) korrekt (vgl. Seite 58). Wiederholen Sie die Übersetzung.

Marginpar on page ... moved.
Eine Randbemerkung wurde auf der Seite nach unten geschoben, andernfalls wäre sie teilweise über eine davorliegende gedruckt worden. Das hat zur Folge, daß die Bemerkung nicht mehr auf der Höhe der Zeile ausgegeben werden kann, in der der \marginpar-Befehl plaziert wurde.

Oval too small.
Ein Rechteck mit abgerundeten Ecken wurde zu klein dimensioniert. LaTeX stellt nicht jede Größe von Viertelkreisen für die Ecken zur Verfügung.

Reference '...' on page ... undefined.
Es wurde versucht, mit \ref oder \pageref auf ein *label* Bezug zu nehmen, das entweder nicht mit \label definiert wurde, oder dessen Definition erst noch folgt. Im zweiten Fall genügt es, den Text noch einmal übersetzen zu lassen.

A.1.2 TeX-Meldungen

Die folgenden Meldungen können von TeX ausgegeben werden.

Fehlermeldungen

`! Counter too large.`
Ein Zähler, der in Form von Buchstaben bzw. Symbolen ausgegeben werden soll, hat die Zahl 26 bzw. 9 überschritten. Zu viele \thanks-Anweisungen auf der Titelseite führen zur gleichen Meldung.

`! Double subscript.`
In einer Formel wurde bei einer wiederholten Tiefstellung nicht korrekt geklammert. Z.B. wird x_{n_2} nicht als x_{n}_{2}, sondern als x_{n_{2}} eingegeben.

`! Double superscript.`
Wie oben, aber mit Hochstellungen.

`! Extra alignment tab has been changed to \cr.`
In der Zeile einer Tabelle oder eines Feldes wurden mehr Spalteneinträge vorgefunden als Spalten definiert wurden. Wahrscheinlich wurde die vorangehende Zeile nicht mit \\ abgeschlossen.

`! Extra }, or forgotten $.`
In einer Formel fehlt eine Klammer oder es wurde vergessen, mit \[, \(oder $ in den *math-mode* zu wechseln.

`! Font ... not loaded: Not enough room left.`
Im Text wurden mehr Zeichensätze angefordert als der Speicherplatz zuläßt.

`! I can't find file '...'.`
Eine Datei, auf die via \input oder \include zugegriffen werden soll, wurde nicht gefunden. Wird ein Dateiname mit der Endung .sty angegeben, haben Sie eine nicht vorhandene Dokumentenstiloption gewählt. TeX erwartet in beiden Fällen die Eingabe des korrekten Namens.

`! Illegal parameter number in definition of ... .`
In einer (Neu-)Definition eines Befehles oder Bereiches wurde ein # nicht korrekt verwendet. Das Zeichen # darf, wenn damit kein Parameter angesprochen wird, nur in der Form \# auftreten. Andernfalls muß ihm eine Zahl folgen, die nicht größer als die vereinbarte Parameterzahl sein darf (vgl. Seite 138).

`! Illegal unit of measure (pt inserted).`
Es wurde ein erwartetes Längenmaß (z.B. bei \parskip) vergessen, oder die Angabe der Einheit ist inkorrekt oder fehlt. Eine andere Möglichkeit: einem Befehl, der ein Längenmaß als Parameter erwartet, wurde kein korrekter Parameter übergeben. Wurde vor dieser Meldung

`! Missing number, treated as zero.`
ausgegeben, wurde kein Wert angegeben. Beachten Sie, daß auch eine Länge 0 z.B. als 0cm anzugeben ist.

`! Improper \hyphenation will be flushed.`
Im Parameter des \hyphenation-Befehls wurde ein unzulässiges Zeichen aufgespürt (z.B. "u).

`! Misplaced alignment tab character &.`
Das Zeichen & wird in Tabellen und Feldern zur Trennung der Spalten verwendet, es darf im laufenden Text nur als \& auftreten.

A.1. Fehlermeldungen und Warnungen

! Missing control sequence inserted.
Bei einem \newcommand-, \renewcommand- oder \newsavebox-Befehl wurde vermutlich beim ersten Parameter der einleitende *backslash* vergessen. Mit RETURN wird er eingefügt, so daß die Übersetzung fortgeführt werden kann.

! Missing number, treated as zero.
Einem LaTeX-Befehl, der als Parameter eine Zahl oder eine Längenangabe erwartet, wurde nichts dergleichen übergeben. Als Ursache kommt auch eine Textsequenz in Frage, die mit einem [beginnt und einem Befehl folgt, dem optionale Parameter übergeben werden können. In diesem Fall wurde der Text für den Parameter gehalten. Setzen Sie die eckige Klammer dann in geschweifte Klammern.

! Missing { inserted.
! Missing } inserted.
Es gab Fehler bei der Klammerung. Der Fehler kann bereits vor der angegebenen Position aufgetreten sein.

! Missing $ inserted.
Im *text-mode* wurde ein Befehl eingegeben, der nur im *math-mode* verwendet werden darf. Beachten Sie auch, daß \mbox innerhalb von Formeln einen begrenzten Wechsel in den *text-mode* darstellt, so daß hier nicht ohne weiteres mathematische Kommandos verwendet werden dürfen. Die Meldung wird auch dann ausgegeben, wenn in einer Formel eine Leerzeile auftritt.

! Not a letter.
Im Parameter des \hyphenation-Befehls wurde ein unzulässiges Zeichen aufgespürt.

! Paragraph ended before ... was complete.
Ein Parameter enthält eine (unzulässige) Leerzeile. Vermutlich wurde eine schließende Klammer vergessen.

! \scriptfont ... is undefined (character ...).
! \scriptscriptfont ... is undefined (character ...).
! \textfont ... is undefined (character ...).
Im *math-mode* wurde ein Zeichensatz verwendet, der dort nicht ohne weiteres verwendet werden kann.

! TeX capacity exceeded, sorry [...].
Die Übersetzung des Textes hat bei TeX zu Speicherproblemen geführt. Der zweite Teil der Meldung gibt an, welcher interne Speicherbereich betroffen war.

buffersize : Wahrscheinlich wurde eine zu lange Zeichenkette an einen der Befehle übergeben, die für die Erstellung von Verzeichnissen und Kapitelüberschriften verwendet werden.

exception dictionary : Die mit \hyphenation angelegte Trennliste ist zu umfangreich.

hash size : Der Text enthält zu viele Querverweise und/oder selbstdefinierte Befehle.

input stack size : Vermutlich wurde ein Befehl selbstbezüglich definiert, d.h. die Definition enthält selbst den neudefinierten Befehl.

main memory size : Für diese Meldung kommen mehrere Ursachen in Betracht. Entweder wurden zu viele komplexere Kommandos definiert. Oder es tauchen zu viele Eintragungen für ein Stichwortverzeichnis oder Glossar auf einer Seite auf. Außerdem ist es möglich, daß eine Seite derart kompliziert aufgebaut wurde, daß TeX der Speicher ausgeht. Fügen Sie dann ein \clearpage vor der betreffenden Seite ein. Der

Fehler läßt sich so meist beheben. Versuchen Sie andernfalls, das Problem zu lösen, indem Sie an der Stelle, an der TEX den letzten Absatz der vorangehenden Seite umbricht, ein \newpage einfügen. Hilft auch das nicht, sollten Sie den Aufbau der Seite vereinfachen.

pool size : Wahrscheinlich wurden zu viele *labels* oder neue Kommandos definiert. Das Problem ist dabei nicht die eigentliche Anzahl, sondern die Gesamtlänge der Namen. Kürzere Namen schaffen Abhilfe. Die Ursache des Überlaufs kann aber auch eine vergessene rechte Klammer bei einem \setcounter-, \newenvironment- oder \newtheorem-Befehl sein.

save size : Eine zu tiefe Verschachtelung von Bereichen.

! Text line contains an invalid character.
Der Text enthält ein Zeichen, das TEX nicht verarbeiten kann (etwa ein Steuerzeichen des Editors).

! Undefined control sequence.
Ein unbekannter, in den meisten Fällen ein fehlerhaft eingegebener Befehl, wurde entdeckt. Möglicherweise ist auch ein LATEX-Befehl außerhalb seines gültigen Kontextes eingegeben worden (etwa eine \item-Anweisung außerhalb eines itemize-Bereichs) oder das \documentstyle-Kommando fehlt.

! Use of ... doesn't match its definition.
Wahrscheinlich wurde ein Grafikbefehl inkorrekt verwendet. Wurde als Name \@array ausgegeben, wurde ein @-Parameter falsch eingegeben (vgl. Seite 91). Möglicherweise wurde dabei ein instabiler Befehl nicht durch \protect geschützt.

! You can't use 'macro parameter character #' in ... mode.
Das # tauchte im normalen Text auf, geben Sie es als \# ein.

Warnungen

Overfull \hbox ...
Es wurde keine Möglichkeit gefunden, die Zeile korrekt zu umbrechen. Die Folge ist, daß diese Zeile über den rechten Rand des Satzspiegels herausragt. Unterstützen Sie bei sehr langen Worten die automatische Silbentrennung, um dies zu vermeiden (vgl. Seite 20ff.). TEX gibt in runden Klammern an, um wieviele Punkte die Zeile über den Rand herausragt.

Overfull vbox ...
Es wurde keine optimale Stelle für den Seitenumbruch gefunden, so daß TEX etwas mehr Text auf eine Seite packt, als vorgesehen. Dies kann z.B. bei sehr langen Tabellen vorkommen.

Underfull \hbox ...
Eine Zeile wurde nicht optimal mit Worten aufgefüllt. Der \sloppy-Befehl oder die Einfassung von Text in einen sloppypar-Bereich können dies bewirken. Ursache kann auch der unbedachte Einsatz von \newline oder \\ sein.

Underfull \vbox ...
Eine Seite wurde nicht optimal mit Text ausgefüllt, weil keine geeignete Stelle für den Seitenumbruch gefunden wurde.

A.2 Dateinamen

Die Dateien, die LaTeX bei der Bearbeitung Ihrer .tex-Datei anlegt, tragen den gleichen Namen wie diese Datei, aber andere Namenserweiterungen. Deren Bedeutung wird im folgenden kurz erklärt.

.aux In dieser Hilfsdatei werden Daten für die Verwaltung von Querverweisen zwischengespeichert. Außerdem die Einträge für das Inhaltsverzeichnis und die Verzeichnisse der Tabellen und Abbildungen. Auch für die via \include eingelesenen Dateien werden .aux-Dateien angelegt.[*]

.dvi Die geräteunabhängige Datei, die LaTeX aus Ihrem Text erzeugt. Diese Datei kann an den Druckertreiber und das Seitenvorschau-Programm (*preview*-Programm) übergeben werden.

.glo Diese Datei enthält Informationen zum Erstellen eines Glossars. Es wird nur angelegt, wenn dies mit dem Befehl \makeglossary angeordnet wird.[*]

.idx Eine Datei mit dieser Namenserweiterung enthält die Einträge für das Stichwortverzeichnis. Sie wird nur angelegt, wenn dies mit dem Befehl \makeindex angeordnet wird.[*]

.lof Diese Datei enthält Daten für das Verzeichnis der Grafiken. Sie wird nur erzeugt, wenn der Text die Anweisung \listoffigures enthält.[*]

.log Die Protokolldatei. Sie enthält alle Bildschirmausgaben von TeX bzw. LaTeX und einige zusätzliche Informationen. Diese Datei wird immer angelegt.

.lot Diese Datei enthält Daten für das Verzeichnis der Tabellen. Sie wird nur angelegt, wenn die Anweisung \listoftables im Text erscheint.[*]

.toc Aufgrund der in dieser Datei gespeicherten Daten wird das Inhaltsverzeichnis angelegt. Die Datei wird nur dann angelegt, wenn der Text die Anweisung \tableofcontents enthält.[*]

[*]Fügt man die Anweisung \nofiles in die Präambel ein, wird diese Datei nicht angelegt.

A.3 Instabile Befehle

Es gibt einige Befehle, deren Parameter an verschiedenen Stellen weiterverarbeitet werden können. Leslie Lamport bezeichnet solche Parameter als *moving arguments*. Zum Beispiel sorgt der \chapter-Befehl für die Ausgabe einer Kapitelüberschrift und ggf. für eine entsprechende Kopfzeile sowie einen Eintrag im Inhaltsverzeichnis. Bei der hierfür notwendigen Zwischenspeicherung während der Bearbeitung kann es, in seltenen Fällen, zu Schwierigkeiten kommen. Die Instabilität betrifft nicht direkt den Befehl oder dessen Parameter, sondern Befehle, die in diesem Parameter auftreten. Diesen Befehlen ist ein \protect voranzustellen, um sie so zu schützen, daß sie bei der Zwischenspeicherung nicht „beschädigt" werden. Ein \protect wirkt nur auf den direkt folgenden Befehl. Instabil sind z.B. alle Befehle mit optionalen Parametern und die \begin- und \end-Anweisungen. Wenn Sie auf Nummer sicher gehen wollen, können Sie alle Befehle in solchen *moving arguments* schützen. Ein \protect-Befehl darf nicht im Parameter von \setcounter oder \addtocounter verwendet werden.

"(Umlaute)	\frame	\multiput	\renewcommand
\(	\framebox	\newcommand	\renewenvironment
\)	\frenchspacing	\newcounter	\rule
\[	\glossary	\newenvironment	\samepage
*[...]	\Huge	\newlength	\savebox
\\[...]	\huge	\newline	\scriptsize
\]	\include	\newsavebox	\setcounter
\addtocounter	\index	\newtheorem	\shortstack
\begin{...}	\input	\nolinebreak	\small
\bigskip	\item[...]	\nonfrenchspacing	\smallskip
\boldmath	\label	\nopagebreak	\sqrt
\caption	\LARGE	\normalsize	\tiny
\circle	\Large	\onecolumn	\twocolumn
\circle*	\large	\oval	\typein
\cleardoublepage	\line	\pagebreak	\typeout
\dashbox	\linebreak	\pageref	\unboldmath
\end	\makebox	\parbox	\underline
\footenotemark	\markboth	\put	\usecounter
\footnote	\markright	\raisebox	\vector
\footnotesize	\medskip	\ref	\vspace
\footnotetext	\multicolumn		

Tabelle A.1: Instabile Befehle

In den Parametern folgender Anweisungstypen kann es notwendig sein, Befehle zu schützen:

▷ Anweisungen, die zur Erstellung der Inhalts-, Abbildungs- und Tabellenverzeichnisse dienen können (also die Gliederungsanweisungen, \caption, \addcontentsline, \addtocontents).

▷ \typein und \typeout.

▷ \markboth und \markright.

▷ Der Bereich letter.

▷ Die \thanks-Anweisung.

▷ Die @-Anweisung in einer Tabelle oder einem Feld.

Tabelle A.1 zeigt die in diesem Buch behandelten instabilen Befehle.

Anhang B

Literatur

Die LaTeX-Dokumentation

Lamport, Leslie
    LaTeX: A Document Preparation System
    Addison-Wesley; 1986$_4$

LaTeX-Einführungen

Jürgens, Manuela
    LaTeX-Einführung
    Rechenzentrum der Fernuniversität Hagen; 1989

Kopka, Helmut
    LaTeX — Eine Einführung
    Addison-Wesley; 1991$_3$

Partel, Hubert; Schlegl, Elisabeth; Hyna, Irene
    LaTeX-Kurzbeschreibung
    EDV-Zentrum der Technischen Universität Wien (Handbuchnummer H30); 1990$_3$

Wonneberger, Reinhard
    Kompaktführer LaTeX
    Addison-Wesley; 1988$_2$

LaTeX für Fortgeschrittene

Kopka, Helmut
    LaTeX-Erweiterungsmöglichkeiten
    Addison-Wesley; 1990

Partl, Hubert
    Layout-Änderungen mit LaTeX
    EDV-Zentrum der Technischen Universität Wien (Handbuchnummer 27); 1988

TeX

Knuth, Donald E.
>The TeXbook (i.e. Computers and Typesetting - Vol. A)
>Addison-Wesley; 1986

Schwarz, Norbert
>Einführung in TeX
>Addison-Wesley 1988_2

Die englischsprachigen Titel sind im deutschen Buchhandel erhältlich.

Stichwortverzeichnis

| 87
|| 87
"- 21
$ 97
& 86
@{} 91
\/ 26
\! 111
\' 84
\(97
\) 97
\+ 83
\, 111
\- 21, 83
\: 111
\; 111
\< 84
\= 81
\> 81
\a 85
\addcontentsline 95, 130
\address 48
\addtocounter 117
\addtolength 38
\and 41
\appendix 55
\arabic 40
\arrayrulewidth 93
\arraystretch 93
\author 41
\baselineskip 32
\bf 24
\bigskip 31
\boldmath 111
\caption 130
\caption 94

\cc 48
\cdots 100
\centering 29
\chapter 52 f.
\circle 126
\cleardoublepage 94
\clearpage 94
\cline 89
\closing 48
\columnsep 47
\columnseprule 47
\copyright 14
\dag 14
\dashbox 124
\date 41
\ddag 14
\ddots 100
\displaystyle 112
\dotfill 19
\dots 14
\doublerulesep 93
\dq 15
\em 26
\encl 48
\evensidemargin 38
\fboxrule 119
\fboxsep 119
\fbox 117
\fill 19
\flq 15
\flushbottom 39
\flushleft 27
\flushright 27
\footnotemark 117
\footnotesize 23
\footnotetext 117

\footnote 69
\footskip 67
\frac 100
\framebox 117, 123
\frame 128
\frenchspacing 17
\frq 15
\glossary 62
\glqq 15
\grqq 15
\glq 15
\grq 15
\headsep 67
\hfill 18
\hline 87
\hrulefill 19
\hspace 18
\huge 23
\Huge 23
\hyphenation 21
\item 60
\includeonly 134
\include 134
\indent 34
\index 59
\input 133
\int 101
\itemindent 77
\itemsep 76
\item 60, 71
\it 24
\kill 82
\label 57
\labelsep 77
\labelwidth 77
\large 23
\Large 23
\LARGE 23
\LaTeX 14
\lbrace 106
\ldots 100
\lefteqn 110
\leftmargin 77
\left 106

\limits 101
\linethickness 127
\line 124
\listoffigures 130
\listoftables 95
\listparindent 77
\makebox 113, 123
\makeglossary 62
\makeindex 60
\maketitle 41
\marginparpush 150
\marginparsep 150
\marginparwidth 150
\marginpar 150
\markboth 65
\markright 65
\mathindent 47, 98
\mbox 105, 113
\medskip 31
\multicolumn 88
\multiput 127
\newcommand 137
\newcounter 77
\newenvironment 79, 138
\newline 9
\newpage 35
\newsavebox 114, 128
\newtheorem 30
\noindent 34
\nolimits 101
\nonfrenchspacing 17
\nonumber 109
\nopagebreak 34
\normalmarginpar 150
\normalsize 23
\oddsidemargin 38
\onecolumn 40
\opening 48
\oval 126
\overbrace 107
\overline 100
\pagenumbering 39, 56
\pageref 57
\pagestyle 63

Option empty 63
Option headings 64
Option myheadings 65
Option plain 63
\paragraph 52
\parbox 115
\parindent 34
\parsep 76
\parskip 31, 77
\partopsep 77
\part 52
\poptabs 85
\pounds 14
\protect 159
\ps 48
\pushtabs 85
\put 122
\P 14
\qquad 18
\quad 18
\raggedbottom 39
\raggedleft 29
\raisebox 114
\rbrace 106
\ref 58
\renewcommand 33,40,139,140
\renewenvironment 140
\reversemarginpar 150
\rightmargin 77
\right 106
\rm 24
\Roman 40
\rule 119
\samepage 34
\savebox 128
\sbox 114
\scriptscriptstyle 112
\scriptsize 23
\scriptstyle 112
\sc 24
\section 52
\setcounter 39,54
\sf 24
\shortstack 124

\showhyphens 21
\signature 48
\sl 24
\sloppy 20
\small 23
\smallskip 31
\sqrt 99
\stackrel 108
\subitem 60
\subparagraph 52
\subsection 52
\subsubitem 60
\subsubsection 52
\sum 100
\S 14
\tabbingsep 84
\tabcolsep 93
\tableofcontents 55
\tabular 86
\textheight 37
\textstyle 112
\textwidth 37
\TeX 14
\thanks 42
\thefootnote 70
\thepage 39
\thicklines 127
\thinlines 127
\thispagestyle 67
\tiny 23
\title 41
\today 14
\topmargin 38
\topsep 77
\topskip 38
\tt 24
\twocolumn 40
\typein 149
\typeout 148
\unboldmath 112
\underbrace 107
\underline 26,100
\usebox 114,128
\usecounter 78

\vdots 100
\vector 126
\verb 148
\vfill 32
\vline 88
\vspace 31
\[98
* 83
\\ 9, 81, 86
\] 98
\' 84
^ 99
_ 99
* 6
~ 17

A
Absatzabstand 31
Absatzboxen 113,115
    positionieren 115
Abstract 43
abstract-Bereich 43
Akzente 13
    in Tabellen 85
Anführungsstriche 14
Anhang 55
array-Bereich 108
article-Stil 45
Auslassungspunkte 14,100

B
Backslash 5
Befehle 4
    globale 7
    instabile 6,159
    Reichweite 6
Befehlsmodifikation 6
Befehlszeichen 12
Bindestriche 16
book-Stil 45
Boxen 113
    hoch-/tiefstellen 114
    speichern 114
    Textausrichtung 114

Briefe 48
Brüche 100

C
center-Bereich 28

D
Dateinamen 159
Datum 14
description-Bereich 75
deutsche Sprachanpassung 46
displaymath-Bereich 98
Dokumentenstil 2
    auswählen 45
    Optionen 46
Doppelseitiger Druck 38,46
Druckertreiber 3,8
Druckformatdateien 134

E
Editor 4
Ein-/Ausgabebefehle 148
Einzug (erste Absatzzeile) 33
enumerate-Bereich 73
eqnarray-Bereich 109
equation-Bereich 98
Exponenten 99

F
Fehler 141
    Behandlung 144
    logische 141
    Meldungen 141
    Meldungen (LaTeX) 153
    Meldungen (TeX) 156
    Panik 146
    syntaktische 141
    TeX-Menü 143
Felder 108
figure-Bereich 129
Flächen 119
Flattersatz 27
fleqn-Option 47
Formeln
    abgesetzte 98

Akzente in 105, 112
Ausrichtung 98
Bündigkeit d. Numerierung 99
einrahmen 118
Einzug 98
Elemente stapeln 108
im Text 97
mehrzeilige 109
nachformatieren 111
Schriftart 111
Schriftgröße
Text in 104
Überstreichen in 100
Unterstreichen in 100
Verweise auf 98
zus. Leerräume in 111
Formelsatz beeinflussen 47
Fußnoten 69
in Absatzboxen 117
in Tabellen 117
Nummern 69
Symbole 70
Zeichen 69
`fussypar`-Bereich 20
Fußzeilen 63
Position 67
Funktionsbezeichnungen 105

G
Gänsefüßchen 15
Gedankenstriche 16
Gedichte 30
`german`-Option 46
Gliederung 51
Befehle 51
Ebenen 52
Glossar 62
Grafiken 121
abgerundete Ecken 126
bewegliche 129
Bezüge auf 131
Grundeinheit 121
Kreise 126
Kreisflächen 126

Linien 124
Linien geneigte 125
Linienstärke 127
Nullpunkt 122
Objekte plazieren 122
Objekte rahmen 128
Objekte speichern 128
Objekte vervielfältigen 127
Pfeile 125
Text in 123
Textboxen 123
Textboxen gerahmte 123
Textstapel 124
Verzeichnis 130
zentrieren 122
Griechische Buchstaben 104

H
Hervorhebungen 26
Hochstellen 114, 138

I
`idx.tex` 62
Index 59
Indizes 99
Inhaltsverzeichnis 55
Seitennumerierung 56
Integralsymbol 101
`itemize`-Bereich 71

K
Kalligraphische Buchstaben 104
Kapitelnumerierung 53
verändern 54
Klammern 106
horizontale 107
Kommandos 4
Kommentarzeilen 11
Kopfzeilen 63
für einzelne Seiten 67
Position 67
selbst definieren 65
Kursivschrift 26

L

Längenmaße 10
Leerraum
    fester 18
    variabler 18
    vertikaler 31
Leerzeichen 16
    geschützte 17
`leqno`-Option 47,99
`letter`-Bereich 48
`letter`-Stil 45,48
Ligaturen 12
Linksbündigkeit 27
`list`-Bereich 76
Listen 71
    numerierte 73
    selbstdefinierte 76
    verschachtelte 72
    Verweise auf Elemente 73
Listings 147
Logos 14

M

Maßangaben 10
`math`-Bereich 97
mathematische Symbole 99 ff.
Math-mode 97
`minipage`-Bereich 116

N

Neudefinition von Befehlen 140
Neudefinition von Bereichen 140

O

Operatoren 101
    binäre 101
    Vergleichsoperatoren 102

P

Parameter 5
    aufzählen 6
    optionale 5
Pfeilsymbole 102
`picture`-Bereich 121
Präambel 7

Preview-Programm 3,8
Protokolldatei 144

Q

Quelltext 4
Querverweise 57
    auf Formeln 98
    auf Kapitelnummern 58
    auf Seitenzahlen 57
    auf Tabellen 95
    auf Thesen 58
`quotation`-Bereich 29
`quote`-Bereich 29

R

Rahmen 117
    Absätze 117
    formatieren 119
    Formeln 118
    Höhe 119
    Worte 117
Randnotizen 150
Rechtsbündigkeit 27
`report`-Stil 45

S

`samepage`-Bereich 34
Satzende 17
Schriftart 24
Schriftgröße 23,46
    wechseln 23
Schriftgrad 23
`secnumdepth` 56
Seitennumerierung 39
    in Spiegelstrichen 40
    Schriftart 39
    verändern 39
Seitenränder 38
Seitenumbruch
    erzwingen 35
    verhindern 34
Seitenvorschau 3
Seitenzahl 63
Selbstdefinierte Befehle 137
    im math-mode 138

mit Parametern 138
Selbstdefinierte Bereiche 138
    mit Parametern 140
Silbentrennung 20
sloppypar-Bereich 20
Sonderzeichen fremdsprachige 13
Sprachanpassung deutsche 46
Stichwortverzeichnis 59
    drucken 61
Summensymbol 100
Symbole 14
Symbole mit zwei Größen 103

T

tabbing-Bereich 81
Tabellen 86
    bewegliche 93
    Breite festlegen 93
    Dezimalzahlen 91
    Einträge ausrichten 86
    Formatierungsoptionen 93
    horizontale Linien 87
    Kopfzeilen 88
    mathematische 108
    Positionierung 94
    rahmen 87
    Schriftarten 83
    vertikale Linien 88
    Verweise auf 95
    Verzeichnis 94
    Zeilenumbruch in 81
    Zellen zusammenfassen 88
    zentrieren 86
table-Bereich 93
Tabstopp 82
Tabulatoren 81
    Definitionszeile 82
    Dezimal- 91
    setzen 81
Textbausteine 137
Textboxen 113
Textbreite 37
Texte selektiv ausgeben 134
Texte zusammenführen 133

Textlänge 37
theindex-Bereich 61
Thesen 30
Tiefstellen 114, 138
Titelseite 41
titlepage 41
tocdepth 56
Transformationszeichen 100
twocolumn-Option 47
twoside-Option 47

U

Umlaute 12
Unformatierte Ausgabe 147
Unterstreichen 26

V

verbatim-Bereich 147
verse-Bereich 30
Verzeichnisse 75

W

Warnungen 144, 155
    LaTeX 155
    TeX 158
Wurzelsymbol 99

Z

Zeichensatz 11
Zeilenabstand 32
    anderthalbzeiliger 32
Zeilenumbruch 9
Zentrierung 28
Zitate 28
Zweispaltiger Satz
    einzelne Seiten 40
    kompletter Text 47

PCL Level V –
Eine Einführung in die Programmierung mit dem LaserJet III

von Wilfried Söker

1992. X, 197 Seiten mit Diskette. Gebunden.
ISBN 3-528-05188-4

Konkrete Beispiele machen auch Einsteigern die Programmierung mit dem PCL leicht. Besonderer Schwerpunkt des Buches ist die Fontverarbeitung. Da die PCL-Druckersteuerung normalerweise aus einem Programm erfolgt, sind zahlreiche Programme, die in C geschrieben sind, Bestandteil des Buch-/Softwarepaketes. Neben allen Übungsbeispielen enthält die Übungsdiskette im Buch ein vom Autor entwickeltes Programm WSPCL, das die Einübung und Nutzung der Befehle außerordentlich erleichtert.

Verlag Vieweg · Postfach 58 29 · D-6200 Wiesbaden 1

Desktop Publishing mit Word 5.5

Hrsg. von Detlef Krusekopf und Birgit Pastuschka

*1992. X, 285 Seiten mit Diskette. Gebunden.
ISBN 3-528-05102-7*

Dieses Buch zeigt auf, in welchen Anwendungsbereichen das unter der Rubrik Word- bzw. Document Processing-Software angebotene Produkt Word 5.5 zur Erstellung hochwertiger Schriftstücke bzw. Dokumente sinnvoll eingesetzt werden kann.

Das Buch bietet eine ausführliche, schrittweise Erläuterung der Dokumentenerstellung anhand von Anwendungsbeispielen. Spezielle Word-Funktionen sowie die Anwendung gestalterischer Grundregeln finden dort Erwähnung, wo ihr Einsatz typisch ist.

Verlag Vieweg · Postfach 58 29 · D-6200 Wiesbaden 1